✝ Colonel Herbillon
Quelques pages
d'un vieux cahier
Souvenirs du
Général Herbillon
(1794 - 1866)
publiés par son petit-fils
Berger-Levrault, Éditeurs

Quelques pages d'un vieux cahier

LE GÉNÉRAL DE DIVISION HERBILLON

Colonel Herbillon

Quelques pages d'un vieux cahier

Souvenirs du
Général Herbillon
(1794 – 1866)

publiés par son petit-fils

Berger-Levrault, Éditeurs

A Monsieur Jean **BOULOUMIÉ**

Administrateur-Délégué
de la Société des eaux minérales de Vittel.

Alors, mon cher ami, que le compilateur de ces pages
se trouvait dans le marasme qui suit l'heure sinistre de
la retraite, vous l'avez appelé à vous et lui avez ouvert
toutes grandes les portes de votre Société.

Votre geste spontané et affectueux lui faisait oublier
bien des déceptions et des amertumes. Acceptez donc
que votre nom soit écrit en tête de ce volume, ce sera
un faible témoignage de ma haute estime et de ma sincère amitié.

E. HERBILLON.

AVANT-PROPOS

A mon fils Jacques Herbillon.

Tu m'as rappelé, mon cher petit, que, pendant la guerre, alors que tes étapes t'avaient ramené à Châlons-sur-Marne, tu avais eu à cœur d'entrer dans le cimetière où sur la pierre d'un monument on peut lire :

GÉNÉRAL HERBILLON

1794-1866

et au-dessus ces simples mots :

ZAATCHA 1849 — TRAKTIR 1855

que la ville où il était né a fait graver sur la tombe de celui dont elle est fière.

Deux beaux noms de victoires du reste, qui, s'ils sont déjà dans les brumes du lointain, n'en restent pas moins de belles pages pour l'histoire de notre pays.

Et alors, te souvenant des récits que nous t'avions faits, tu t'es un peu étonné que le *Larousse*, qui enregistre scrupuleusement tant de noms fameux et tant qui le sont moins, n'ait pas consacré quelques lignes à ton arrière-grand-père, qui, soldat en 1814, sous-lieutenant à Waterloo, mourait en 1866, général de division, grand'croix de la Légion d'honneur, sénateur, était cité comme modèle en Afrique, en Crimée, en Italie et demeurait le vainqueur de Zaatcha et de Trektir.

Tu reprochais à mon père et à moi d'avoir laissé tomber dans l'oubli celui dont la gloire est nôtre et tu m'as prié de retrouver dans les papiers jaunis dont je suis le dernier conservateur, quelques récits d'une vie qui fut celle d'un soldat d'autrefois.

J'ai donc ouvert pour toi le vieux registre vert où celui dont nous parlons avait écrit quelques notes et les voici telles quelles dans leur simplicité où tu trouveras, j'espère, quelque grandeur. Si, un jour, le public vient à lire ces lignes, peut-être y prendra-t-il aussi quelque intérêt et pour quelques instants nous aurons sorti de l'oubli celui que ton respect filial et ton amour des ancêtres t'ont fait désirer connaître.

Par ces pages écrites au jour le jour ou sous l'impression de souvenirs revécus, par les lettres envoyées par les Mac-Mahon, les Canrobert, les Castellane, les Mortemart, les Saint-Arnaud..., tu pourras refaire l'historique d'une vie de bravoure, de dévouement, d'abnégation et te retracer les détails d'une carrière si remplie, si féconde et pourtant très peu connue.

Tu y verras surtout la véritable passion du métier, la foi persévérante du vrai soldat, la ténacité raisonnée qui n'admet ni le découragement ni la faiblesse, l'esprit de discipline, la confiance en la grandeur de la France et l'amour enthousiaste du pays.

De ce soldat dans l'âme, je te lègue pieusement l'héritage.

Quelques pages d'un vieux cahier

CHAPITRE I

Enfance et jeunesse. — Fusilier. — Chasseur en septembre 1813. — Campagne de 1814. — Sous-lieutenant au 108ᵉ de ligne, le 5 février 1814. — Souvenirs de l'entrée des Alliés à Paris.

Herbillon naquit à Châlons le 23 mars 1794, et voici ce qu'il nous dit de sa famille et de ses débuts dans la vie :

Je ne me rappelle jamais sans peine, sans souffrance morale, mais en même temps sans une certaine satisfaction, mon début dans le monde. Ma mémoire me reportant au passé, je m'arrête souvent et avec méditation sur les malheurs qui accablèrent ma famille, et dont je fus témoin, sur cette incertitude de mes premiers pas en sortant des lycées, sur l'embarras de mes parents pour me donner un état, sur le caractère incertain, toujours en projets de mon père qui n'avait rien su conserver et qui, chargé d'enfants, vivait encore, malgré sa détresse, d'espoir dans l'avenir. Réduit à la modique place de « contrôleur de ville » après avoir été propriétaire très aisé, il s'étourdissait sur le présent, aimait ses enfants, sans beaucoup s'en occuper et n'avait rien d'arrêté sur ce qu'il ferait pour tâcher de les mettre à même de ne pas lui être un jour à charge.

Nous grandissions avec l'indifférence, l'insouciance du premier âge, et ce fut le plus grand des malheurs qui vint mûrir nos pensées, fortifier notre âme, et imprimer à mon caractère cette nuance de mélancolie, ce besoin d'isolement, cette méfiance de moi-même, cette timidité que je conservai si longtemps et qui me fut si souvent nuisible, enfin, cette ténacité, cette persévérance dans les résolutions me firent surmonter de nombreux obstacles et me donnèrent une force morale qui ne m'abandonna dans aucune époque de ma longue carrière militaire.

Placé au lycée de Reims avec demi-bourse, j'en sortis aux vacances de 1811, après avoir fait des études médiocres, mais avec les idées du temps de l'Empire. Les lectures du réfectoire, le retour de l'armée de quelques-uns de nos camarades, nos promenades toutes militaires, nos uniformes, nos chapeaux ornés de longs plumets, tout, en un mot, imprimait dans nos jeunes têtes le goût militaire; nous n'aspirions qu'à être soldat, l'épaulette était pour nous le nec plus ultra du bonheur; tous nos vœux, tous nos désirs n'aboutissaient donc qu'à être sous-lieutenent.

La position de fortune des parents, le peu de savoir des élèves, limitaient le nombre des élus à l'École militaire; le premier cas surtout m'en fermait la porte.

Poussé toutefois par mon instinct qui me guidait vers la carrière des armes, je me décidai à y entrer par une autre porte et me rendis à Paris chez une sœur de mon père, avec l'idée de m'engager.

Je voyageai à pied sans me rendre bien compte du parti que j'allai prendre. Cependant, quoique bien jeune et encore tout écolier, à mesure que j'approchais de la capitale, je me sentais moins rassuré et une inquiétude vague me faisait presque redouter mon arrivée chez ma tante qui m'aimait bien mais dont je ne connaissais pas le mari.

Enfin j'arrivai en tenue de lycéen rue Richelieu où habitait M. N... Je fus admis dans la famille avec effusion par ma tante, avec froideur par son mari. L'aisance régnait dans la maison, mais homme de bon cœur au fond, très commun, il n'appréciait les individus que selon le plus ou moins de gain qu'ils faisaient. Sachant à peine lire et écrire, il n'avait même pas le bon sens de connaître sa profonde ignorance.

A la fin de 1811, il était question de la campagne de

Russie; des préparatifs se faisaient et ne sachant que devenir, je manifestai à ma tante le désir de m'engager dans un régiment de cavalerie. Elle en écrivit à mon père qui répondit « qu'avant que je prisse cette détermination il désirait me voir ». Il m'envoyait en même temps de quoi faire mon voyage de Paris à Issoudun.

Ce fut dans le mois d'octobre 1811 que j'allai rejoindre mes parents que je n'avais point vus depuis plusieurs années. Je connaissais à peine mes sœurs, mes frères, et je trouvai ma famille augmentée d'un garçon qui avait à peine quelques mois. Le tout formait dix enfants, moi compris. La place de mon père était de 2.000 à 2.400 francs par an et c'est avec ces modiques appointements qu'il soutenait cette nombreuse famille qui vivait de grandes privations.

Je cherchais à me rendre utile. Je travaillais à cet effet dans le bureau de mon père, je l'aidais de mon mieux dans ses courses. Enfin je faisais tout ce qu'il était possible pour lui prouver que je comprenais sa gêne et ses tourments.

Il espérait voir chaque jour sa position s'améliorer par un avancement qui lui était promis et bien mérité; il se leurrait encore d'autres espérances, telles que celles de voir ses malheureuses affaires de Champagne, où il avait eu de belles propriétés, se terminer, comptant toujours récupérer une partie des biens de sa femme.

Tous les rêves de mon père devaient s'évanouir et cela par une mort presque subite qui l'enleva à sa famille. Le 31 décembre 1811, il se mit au lit, se plaignant de maux de tête affreux; dans la journée, il perdit entièrement connaissance, et le 1er janvier 1812, il mourut à 3 heures après midi, à l'âge de quarante-huit ans, fort et robuste. Sa mort a été la suite d'une chute qu'il fit en sautant d'assez haut sur les talons; il y eut un contre-coup qui donna naissance à un abcès dans le cervelet, lequel fit des progrès rapides.

J'allais avoir dix-huit ans lorsque ce coup vint nous frapper. Je devenais le chef d'une famille entière, qui se trouvait sans ressources, éloignée de son pays, de ses amis; mes sœurs étaient fort jeunes, un de mes frères avait dix ans, un était en nourrice, le plus âgé avait quinze ans.

Aussitôt que les derniers devoirs furent rendus à mon père, je m'occupai immédiatement de nous tirer d'embarras.

J'écrivis en conséquence à tous nos parents qui s'empressèrent de venir en aide à ma mère, qui avait de nombreux amis.

Ma tante (celle de Paris) prit avec elle l'aînée de mes sœurs et le plus âgé de mes frères. Une demande pour l'École des Arts et Métiers de Châlons fut faite pour le second, il y fut admis.

Quant à moi, le directeur principal de l'Administration des Droits réunis, tous les hauts employés à l'unanimité sollicitèrent du directeur général un emploi de commis à pied qui me fut accordé et le 26 février 1812 je reçus ma nomination pour la résidence d'Issoudun.

Je conservais ma mère, la plus jeune de mes sœurs et mon frère au maillot avec moi. Ainsi, à peine sorti du collège, je fus chef de ma famille, que je soutins avec des appointements de 1.200 francs. Mon existence fut donc, dès son début, remplie de peines, d'inquiétude, d'angoisses, de privations pénibles ; ayant à peine de quoi suffire aux premiers besoins, je devins soucieux. Je souffrais pour ma mère qui, élevée dans une grande aisance, se trouvait réduite à une vie misérable, qu'elle supportait avec un courage et une résignation exemplaires. Jamais un mot plaintif n'est sorti de sa bouche ; elle renfermait dans son intérieur sa douleur et ne se présentait à ses enfants et à ses amis qu'avec des paroles encourageantes ; elle fut forte de courage dans le malheur.

Simple employé des Droits réunis, je mettais zèle et assiduité dans mes fonctions afin de gagner l'estime et l'amitié de mes supérieurs.

Les désastres de la campagne de Russie firent devancer la conscription de 1814 d'un an, et je tombai au sort. Mis à la queue du dépôt, je fus appelé pour la levée des 300.000 hommes. Renvoyé de nouveau, je fus définitivement pris à la levée des 80.000 hommes.

Quoique chagrin et peiné de ne pouvoir plus être utile

à ma famille, dans le fond de mon cœur je me réjouissais
de prendre l'habit du soldat.

Je pris bravement mon parti, je payai d'avance plusieurs
mois à la nourrice pour mon frère; ma mère se rendit en
Champagne pour récupérer quelque argent qui lui revenait de la vente de ses biens et de ses maisons. Je ne conservai que les effets nécessaires et indispensables pour la
route et j'attendis l'ordre du départ qui ne tarda pas à
arriver.

C'est au mois de septembre 1813 que les conscrits du
département de l'Indre de la levée des 80.000 hommes se
mirent en route et je fus désigné pour me rendre à Courbe-
voie...

A mon arrivée à Paris, mon oncle N... me reprocha violemment de partir, prétendant que je l'avais fait volontai-
rement. Je lui répondis que certainement j'étais satisfait
car j'allais être soldat, mais que vu la situation des miens,
je n'aurais jamais rien fait pour réaliser ce désir. Au fond,
comme à cette époque tout le monde partait, riches et
pauvres, sa mauvaise humeur passa vite et le brave homme
s'employa pour me faire nommer sous-officier dans le corps
qui me serait désigné. C'est aux fusiliers-chasseurs que je
fus placé, et à peine incorporé nous fûmes dirigés sur Paris
où nous fûmes casernés à l'École militaire.

C'était l'hiver de 1813. L'ennemi se dirigeait sur nos
frontières, et on pressait l'instruction des recrues. Le Champ
de Mars était couvert de neige, des corvées nombreuses
étaient commandées pour en balayer une partie, et à peine
ce travail fait, de vieux sous-officiers de la Garde nous
exerçaient. Simple fusilier et peu fort de constitution, j'eus
beaucoup à souffrir du froid et de la nourriture.

*Le souvenir de cette initiation hâtive qui ne rappelle en
rien l'instruction actuelle de nos recrues lui est resté et plus
loin dans ses papiers, je lis :*

En 1851, passant des revues au Champ de Mars comme
général de brigade, j'ai revu bien souvent l'endroit où

avec un balai je préparais l'emplacement de nos tortures.
C'étaient bien des tortures, car les sous-officiers, vieux soldats, n'avaient pour nous aucune compassion et de gros
mots étaient continuellement dans leurs bouches.

Pendant son court séjour à Paris il fut présenté à M. le
général Maison, qui allait se mettre en route pour se rendre
en Belgique prendre le commandement des troupes. Celui-ci
le reçut très bien, l'examina avec intérêt et le présenta à l'Em-
pereur avec deux de ses parents pour le grade de sous-lieute-
nant, mais cette proposition ne devait être admise que plus tard.

Il rejoignit les fusiliers-chasseurs à Bar-sur-Aube et prit
part à l'affaire de Colombey-les-Deux-Églises.

Nous nous retirâmes, dit-il, sur Troyes, de là à Brienne,
à Arcis-sur-Aube, une seconde fois à Bar-sur-Aube; ensuite
à Troyes, à Nogent et, de là, le régiment se trouva aux
combats de Vauxchamps, de Montmirail, de Château-
Thierry.

Ces marches forcées, ces combats continuels, l'abandon
auquel nous étions condamnés, car on s'occupait très peu
de pourvoir à nos besoins, la fatigue enfin, portèrent
atteinte à ma santé. La fièvre se déclara accompagnée
d'une diarrhée très forte; des engelures qui s'entamèrent
vinrent encore ajouter à mes maux physiques et je fus
reconnu tellement malade qu'en arrivant à Varennes, on
me fit évacuer sur Paris.

Nous fûmes dirigés sur Rieul au nombre d'une cen-
taine. Entassés sur des voitures, nous marchions à petites
journées; à notre arrivée à Dammartin et à la descente
des voitures, plusieurs de nos camarades furent trouvés
morts. Ces cadavres, que nous avions traînés avec nous
sans nous en douter, produisirent sur moi un effet douloureux. Aussi je m'arrangeai le soir pour prendre la voiture
qui partait le lendemain de grand matin sur Paris. J'en
parlai au sous-officier qui était chargé de nous conduire. Il
m'autorisa à devancer le détachement et je me mis donc
en diligence avec un de mes compagnons d'infortune.

Nous voyageâmes sans encombre jusqu'à la barrière de la Villette où nous fûmes arrêtés par la gendarmerie et remis au chef de poste. Je descendais de voiture pour me traîner jusqu'au corps de garde lorsque ma mère et ma sœur sautèrent à mon cou en me disant à haute voix : « Courage, mon ami, tu es sous-lieutenant ! »

Cette nouvelle inattendue donnée par ma mère qui tous les jours venait avec sa fille se placer à la barrière pour voir arriver les blessés, afin de me donner les premiers secours, me jeta du baume dans le cœur; mon camarade et moi nous fûmes déposés au poste; ma mère obtint que j'y resterais jusqu'à son retour...

Elle alla à l'état-major de la Place qui lui donna l'autorisation de me conduire dans ma famille. Quelques jours après, M. le baron Larrey auquel je fus conduit certifia que j'avais besoin de grands soins. Je revins donc rue Richelieu chez mon excellente tante où je fus rapidement rétabli.

J'étais en pleine convalescence lorsque l'ennemi arriva sous Paris. Je fus témoin des derniers efforts de notre brave armée, de sa retraite le 31 mars et je ne pensais pas que je devais la suivre. Mais à mon retour d'une promenade sur les boulevards, je trouvais mon oncle tremblant de peur. Il me signifia que je devais partir parce que ma présence chez lui pourrait être cause du pillage de sa maison. Ma tante lui fit quelques observations, mais on ne guérit pas de la peur et je dus me conformer à l'ordre positif de son mari.

Ma tante me remit 100 francs que j'avais déposés chez elle, somme qui me restait de mes dépouilles vendues lorsque j'étais parti d'Issoudun. Je quittai donc la capitale, me dirigeant sur Fontainebleau, espérant que là je pourrais recevoir mon brevet de sous-lieutenant. J'allai le réclamer au maréchal Berthier, qui m'écouta à peine. Ne sachant que devenir, n'appartenant plus à aucun corps, je revins sur Paris et m'arrêtai à Essonnes où était le corps d'armée du maréchal Marmont.

Lors de la défection du maréchal (Marmont) et du départ de son corps d'armée du Camp d'Essonnes qui en fut la suite, je me trouvai au moment où, sans nous en douter, nous fûmes resserrés sur la route par le corps d'armée du duc de Schwarzemberg. Il n'y avait pas moyen de rétrograder et malgré la colère et la honte qui étaient empreintes sur toutes les figures, l'armée sous les ordres du général Souham prit la route de Versailles. Arrivé aux Quatre-Bras, je fus envoyé à Paris où je trouvai les Parisiens enchantés et calculant déjà les chances de gain qu'ils allaient faire ou tirer de la présence des empereurs, des rois et de leurs troupes dans la capitale.

Là j'eus l'occasion d'assister aux entrées des empereurs, du roi de Prusse et du comte d'Artois. Je fus témoin de l'allégresse des Parisiens, de l'engouement des femmes pour les troupes étrangères, de toutes les bassesses des grands dignitaires.

En traversant la place Vendôme, je fus aussi témoin de tous les efforts que les royalistes faisaient pour abattre la statue de l'Empereur de la colonne. Une foule de gens, payés, tiraient de toutes leurs forces des cordes qui étaient attachées à la tête et au corps de la statue de celui qui avait répandu sur la France tant de gloire.

De grands événements se passaient. Je voyais de tous côtés proclamer un avenir de bonheur, de tranquillité. Je ne pouvais partager cette joie.

J'ignorais encore si véritablement j'étais nommé sous-lieutenant et je me demandais si je n'allais pas bientôt reprendre le sac, quand je reçus du ministère l'avis que j'étais nommé sous-lieutenant au 108e régiment de ligne à Abbeville. Je rejoignis le 28 avril 1814.

Le retard provenait de ce que le ministre de la Guerre qui avait suivi l'Impératrice à Blois avait emporté avec lui les brevets des officiers qui venaient d'être promus.

Le 108ᵉ devient 89ᵉ. — Retour de l'Ile d'Elbe. — Marche du 89ᵉ au-devant de l'Empereur. — Campagne de 1815. — Retraite de la Loire. — Licenciement de l'armée en septembre 1815. — Herbillon mis en demi-solde se retire à Châlons. — Sa réintégration à la Légion de la Marne.

Pendant un an, le sous-lieutenant Herbillon tient garnison à Abbeville. Le 108ᵉ, dont il fait partie, sert de noyau pour la formation et l'organisation du 89ᵉ de ligne, qui prend date du 9 septembre 1814. Soudain éclate le coup de foudre le plus imprévu, le plus stupéfiant. L'Empereur a débarqué à Cannes.

Le 108ᵉ de ligne, devenu 89ᵉ, était en garnison à Abbeville et dans les villes de Dieppe et de Saint-Valéry lorsqu'on apprit le débarquement de l'Empereur qui eut lieu à Cannes, le 1ᵉʳ mars 1815. Cet événement réveilla l'attachement pour sa personne qui n'était du reste qu'assoupi ; les officiers et soldats reçurent cette nouvelle avec une grande joie, mais cependant ne donnèrent pas libre cours à leur contentement, ne sachant pas jusqu'à quel point on pouvait compter sur une entreprise aussi téméraire.

Mais bientôt on sut qu'Il s'avançait sur Paris et que des troupes étaient envoyées à sa rencontre pour arrêter sa marche ; le 89ᵉ reçut donc l'ordre de se diriger sur la capitale, où à notre arrivée nous fûmes passés en revue sur la place de la Concorde, par le général Rapp. A l'issue de cette revue, une gratification de 400 francs fut donnée aux capitaines, 300 francs aux lieutenants, sous-lieutenants, 10 francs aux sous-officiers. On laissa l'officier payeur pour recevoir le montant de cette gratification et le régiment continua sa route sur Corbeil où il arriva le soir.

L'officier payeur nous suivit de près et les officiers étaient réunis dans une chambre de l'hôtel, pour recevoir ce qui leur était alloué, lorsqu'un officier général, aide de camp de l'Empereur, demanda à parler au colonel qui s'avança. L'officier général lui dit à haute voix : « Colonel, je viens de la part de l'Empereur vous donner l'ordre de rétrograder sur la capitale. » A cet ordre, le colonel répondit qu'il avait celui du Roi de marcher contre l'Empereur.

Le général s'étant retiré, le colonel fut un instant fort embarrassé et naturellement hésita, mais il ne fut pas maître d'arrêter l'élan de son régiment, car du moment que les officiers et soldats apprirent ce qui venait de se passer, des cris s'élevèrent de tous côtés. Ces cris étaient : « Vive l'Empereur ! » En un instant les cocardes blanches disparurent et furent remplacées par les tricolores que chaque homme avait conservées.

Le colonel, forcé de se rendre à la force des choses, fit réunir le régiment et on rebroussa chemin.

On cheminait sur Paris que l'on avait quitté la veille. Arrivé à la barrière d'Enfer, un officier de la garde nationale s'avança et prévint le colonel qu'il avait ordre de faire passer son régiment par les boulevards extérieurs. Il annonça en même temps que le Roi et toute la famille royale avaient quitté la capitale pendant la nuit.

Nous continuâmes notre route jusqu'à Écouen où nous arrivâmes fort tard, fatigués de la marche et des émotions qu'avait produit sur nous le retour précipité de Napoléon... contre lequel nous marchions et qui lui-même nous arrêtait en route et nous faisait rétrograder.

Nous restâmes à Écouen jusqu'au 23 mars, jour où nous passâmes la revue de l'Empereur sur la place des Tuileries. Les troupes se livrèrent à un enthousiasme difficile à décrire.

Avant le défilé, les corps d'officiers furent réunis en cercle, et l'Empereur, après avoir adressé la parole à quelques colonels, et entre autres à celui du 89e en lui demandant s'il avait encore quelques INTRUS dans son régiment, ajouta : « MESSIEURS, JE VOUS AVAIS BIEN DIT QUE L'AIGLE

IMPÉRIALE VOLERAIT DE CLOCHER EN CLOCHER JUSQU'A LA TOUR DE NOTRE-DAME ».

Nous quittâmes le même jour Paris et nous fûmes dirigés sur la frontière de Belgique, où nous fûmes cantonnés jusqu'au moment où toute l'armée réunie entra dans le pays belge.

Ce fut le 13 juin que nous quittâmes nos cantonnements et le 14, nous passâmes la Sambre.

Malheureusement, les détails nous manquent sur les opérations de cette campagne mémorable et désastreuse de 1815. Pas de commentaires dans le vieux cahier, qui se borne à énoncer jour par jour les étapes et les combats. C'est un journal de marche réduit à sa plus simple expression.

Le 15 juin, nous nous battîmes à Marchiennes-au-Pont.

Le 16, à Ligny.

Le 17, aux Quatre-Bras.

Le 18, à Waterloo. On battit en retraite à 8 heures du soir.

Marche la nuit du 18. Encombrement des voitures de l'Empereur, des caissons militaires, de cavaliers, de fantassins et de blessés à Charleroi.

Repos un instant le 19 à Saulx-le-Château.

Le 21 à Laon, où je fis panser mon bras, ayant reçu une balle morte à l'épaule, le 18 au soir.

Le 23, nous campâmes aux environs de Soissons, de là à Paris, où nous restâmes dans la plaine des Vertus près du canal de l'Ourcq jusqu'au 5 juillet, jour où l'armée se retira vers la Loire.

Après ce sommaire que nous aurions voulu plus fertile en renseignements vécus, quelques lignes seulement qui résonnent comme un glas. C'est la liste funèbre des disparus, de ceux de son entourage immédiat qui sont morts au champ d'honneur et elle est longue « car, *ajoute-t-il*, le régiment s'était battu toute la journée et avait tenu jusqu'à la dernière minute ».

Il continue :

La retraite de Waterloo fut une grande déroute et ce n'est qu'à Laon que l'on commença à réunir les corps. Beaucoup d'officiers et soldats ne reparurent plus et au licenciement du régiment, qui eut lieu le 9 septembre, nous n'étions que *trois cents ;* il est vrai de dire que, placés au centre, nous eûmes considérablement à souffrir pendant toute la journée du 18 et que déjà, après l'affaire de Ligny, on fut forcé de remplir les vides des 1er et 2e bataillons par les officiers, sous-officiers et soldats du 3e bataillon.

Par suite de ce versement, j'eus pour collègue à la 3e compagnie du 1er bataillon un nommé Renard, sous-lieutenant, vieux soldat qui fut tué à Waterloo par un boulet. Je restai donc seul à la compagnie que je ramenai plus tard à la Loire.

A notre arrivée dans la plaine des Vertus, on nous fit mettre en bataille. Nous étions fatigués, dégoûtés, mécontents et c'est en ce moment que les membres d'un soi-disant Gouvernement provisoire vinrent nous passer en revue. Le malheureux 108e (au moment d'entrer en campagne, le 89e avait repris son ancien n° 108) était réduit à un effectif des plus minimes et nous étions presque tous blessés ; ces Messieurs ornés de ceintures tricolores voulurent nous faire crier : « Vive la Constitution », nous ne connaissions qu'un seul cri : VIVE L'EMPEREUR, qui, malgré nos désastres et nos malheurs, fut unanime.

MM. les membres du Gouvernement improvisé se retirèrent peu édifiés de notre froideur à leur égard. J'étais fort jeune et je me rappelle le mauvais effet que produisit sur moi la réunion de ces quelques individus qui, passant devant nos rangs, gesticulaient et faisaient tous leurs efforts pour nous faire partager leur enthousiasme.

L'armée fut donc envoyée au delà de la Loire pour être licenciée. Le 2e corps dont mon régiment faisait partie fut cantonné à Valençay et dans les environs ; le 108e eut pour garnison la petite ville de Selles. C'est là où le 9 septembre 1815, le licenciement fut prononcé, et où nous nous séparâmes avec le cœur brisé. Les officiers se rendant dans leur ville natale, ou dans des endroits qu'ils avaient habités (soit comme garnison, soit comme cantonnements) se mirent en route pleins d'inquiétude sur leur avenir, car aucun de nous ne pouvait compter sur l'indulgence du nouveau Gouvernement qui ramenait avec lui les ennemis mortels des soldats de l'Empire.

Ma mère n'était pas heureuse; je n'avais aucun parent qui pût me recevoir; mes frères et mes sœurs étaient plus jeunes que moi. J'avais quitté Châlons, mon pays natal, pour aller au lycée. Ma famille, ruinée et sans ressources aucunes, avait été forcée de quitter la ville où elle avait joui d'une certaine aisance. Je restai donc un moment incertain sur le pays, la ville où je devais me retirer. Enfin j'ai pensé que je ne serais pas entièrement étranger à Châlons-sur-Marne, et que là, je trouverais des amis de collège et de ma famille qui pourraient m'aider de leurs conseils et m'appuyer en cas de besoin de leur crédit.

Châlons-sur-Marne fut donc la ville que je choisis pour vivre avec ma demi-solde jusqu'au moment où je pourrais être replacé. Mais comme le département de la Marne était occupé par l'armée ennemie, tous les officiers licenciés qui devaient s'y rendre furent réunis à Bourganeuf pour attendre le moment opportun de se rendre chez eux.

Je m'acheminai donc vers la ville qui m'avait vu naître, non avec l'insouciance du jeune homme, mais avec anxiété, ignorant même où je descendrais, mais avec l'intention de me loger par billet de logement. Ce fut le 9 novembre 1815 que je revis Châlons où j'avais passé mes premières années, où j'avais folâtré comme enfant et comme écolier. Le cœur déjà gros de souvenirs et de réflexions, je me dirigeai vers l'Hôtel de Ville où tout était encore en émoi par suite de l'occupation de la Champagne par les troupes alliées. On me donna comme à mes camarades un billet de logement pour trois jours et je tombai chez Mlle Letellier que j'avais connue enfant, puisque nous étions du même âge et qui avait remplacé son père et sa mère (morts) dans leur commerce.

Elle me fit bon accueil.

J'étais dans un dénuement complet et je fus forcé de rester vingt-quatre heures au lit pour donner le temps au tailleur de mettre un fond à mon pantalon. Je fis appeler mon frère Constant qui était à l'École des Arts, je le chargeai d'aller prévenir la famille Mathias de mon arrivée et de ma position.

M. Mathias, alors chef de division à la préfecture de la Marne, avait été élevé avec ma mère et cette amitié d'enfance n'avait pas cessé malgré les malheurs qui accablèrent ma famille...

Aussitôt que cette excellente famille sut que j'étais à Châlons, immédiatement on m'envoya chercher. On me força à rester dans la maison, où je reçus tous les témoignages d'une bonne et sincère amitié. Regardé comme fils adoptif, je n'ai jamais eu qu'à me louer des bons procédés qu'on eut pour moi et de la délicatesse avec laquelle je fus traité.

C'est dans cette famille que je passai mon temps de demi-solde et je commençais à me fatiguer de mon oisiveté et de ma position fausse.

J'avais formé le dessein de demander du service dans les colonies, lorsqu'une occasion inattendue me fit placer dans la Légion de la Marne que l'on organisait.

Mes titres antérieurs étaient en somme bien faibles aux yeux des royalistes, car ma qualité de soldat de l'Empire et surtout de soldat ayant été à Waterloo était à cette époque un motif de répulsion.

Mais le hasard me servit.

Il y avait déjà près d'un an que j'étais à demi-solde, lorsqu'un soir M. Mathias me dit que s'étant trouvé chez M. le baron de Rebel, ancien garde du corps, qui avait servi avec mon grand-père maternel, M. Del, il avait été question de moi et que le baron désirait me voir. Je me rendis à son désir. Il m'accueillit avec bonté, écrivit à M. le général Meynadier qui, comme général commandant la subdivision, était chargé de l'organisation de la Légion de la Marne. Ce dernier me comprit immédiatement sur la liste des candidats à présenter à M. le général de division Liger de Belaire et quelques jours après, je fus placé comme sous-lieutenant à la Légion de la Marne le 21 avril 1816.

Un brevet signé du même duc de Feltre qui avait en 1814 signé mon brevet de sous-lieutenant, me réintégrait définitivement dans les cadres.

Là finit la période d'initiation de l'âme militaire du futur général Herbillon. La carrière s'ouvre devant lui après la crise où sa vocation reçut une consécration définitive. Depuis le mois de septembre 1813, où il endosse la tunique du simple fusilier jusqu'au mois de septembre 1816, où il voit sa situation enfin assurée, il a vécu plus qu'on ne vit d'ordinaire à son âge. Son cœur s'est trempé dans la fournaise où s'est effondré l'Empire et son esprit s'est mûri dans les affres qu'il a subies.

Quarante ans plus tard, se reportant à cette époque où il voyait enfin l'avenir moins noir, il écrivait :

De ce moment, je me livrai entièrement à mon état que je pris à cœur, et m'étant aperçu que mon instruction générale laissait considérablement à désirer, je me mis à travailler.

A force d'étude, d'assiduité, de volonté, de persévérance, j'acquis une grande habitude de travail qui par la suite me fit surmonter de grandes difficultés et me porta au grade le plus élevé de l'armée.

CHAPITRE III

Nomination au grade de lieutenant en 1819. — Son mariage en 1823. — Campagne d'Espagne. — Naissance de son fils et mort de sa femme en 1825. — Nomination au grade de capitaine. — Départ pour les Antilles. — Traversée. — Arrivée. — La Guadeloupe.

De la Légion de la Marne (Légion n° 49) un seul bataillon était formé et le 9 novembre 1816, ce bataillon quitta Châlons pour se rendre à Béthune, puis, le 20 avril 1819, à Montmédy où le 21 juin fut organisé le 2e bataillon. Depuis le 10 février 1819, le sous-lieutenant Herbillon était lieutenant.

Le 17 novembre 1820, la Légion de la Marne devient 51e de ligne, régiment à 2 bataillons, chacun de 8 compagnies. Jusqu'en 1823, ce nouveau corps change fréquemment de garnison et occupe successivement Lille, Givet, Nancy et Perpignan.

Le 24 mars 1823, le lieutenant Herbillon épouse Marie-Théodore-Alexandrine Blémont. Il ne devait pas rester longtemps près de sa jeune femme, car le 51e est désigné pour faire partie du corps Moncey destiné à la campagne d'Espagne.

C'est ce que nous apprend une lettre adressée à son frère Adolphe.

Lyon, le 6 juin 1823.

Mon ami, je suis à Lyon depuis hier jeudi. Le régiment y arrive demain 7 et le 9 nous nous embarquons sur le Rhône pour nous rendre à Perpignan. Le régiment est désigné pour faire partie de l'armée. Comme j'avais prévu ce qui arrive, ce départ ne m'afflige pas quoique marié. Je vais en Espagne avec insouciance. Je laisse à la destinée mon avenir. Le plus grand malheur qui puisse m'arriver est d'être tué et je ne m'en inquiète pas.

Et, continuant son rôle de père de famille, il s'occupe de la pension à faire à sa nièce, de l'établissement futur de ses frères pour qui des mariages sont en vue et finissant, il écrit :

J'ignore quand je serai de retour. Les événements m'éloignent bien vite de ma femme, enfin !... je vous la recommande à tous, car elle est susceptible de se tourmenter outre mesure. Quant à moi, je suis devenu philosophe et rien de m'étonne.

Entré en Espagne le 15 septembre, sous le commandement du colonel de Contréglise, le régiment rentra à Perpignan le 18 novembre et fut envoyé à La Rochelle au mois de décembre.

Une période de cruelles épreuves commençait pour lui :

Ce fut le 26 janvier 1825 (son fils Alexandre-Émile était né le 7 janvier comme en fait foi son acte de baptême tiré des registres de l'église cathédrale et paroissiale de Saint-Louis à La Rochelle), que la mort vint frapper ma femme qui venait de me donner un fils, après une couche laborieuse qui cependant ne devait donner aucune inquiétude pour les suites ; mais, malgré l'assurance des médecins il n'en fut rien. Le lait se répandit dans le sang et après vingt jours de souffrance, elle termina sa vie beaucoup trop tôt pour son mari, ses amis et surtout pour son fils.

Au moment où je fermais les yeux à celle que j'avais choisie comme compagne, je recevais l'ordre de me rendre au Havre avec mon régiment et de quitter La Rochelle le 28 ou le 29 janvier ; tout m'accablait donc à la fois. Il me fallut prendre un parti décisif, car la moindre alternative, en mettant le trouble dans mes idées, aurait augmenté encore les angoisses de mon âme.

Selon les dernières volontés de ma femme, j'écrivis à Mme Dromer, son amie intime. Elles étaient de placer son fils à Montceaux pour que les premiers soins lui fussent donnés sous ses yeux, ceux de sa mère Mme Désenfant et de Mlle Jeannette sa sœur. Je priai cette excellente famille de me chercher une bonne nourrice, avec demande de l'envoyer à Paris pour qu'à ma descente de voiture le malheureux enfant trouvât un sein pour l'allaiter.

Ces préliminaires réglés et sans écouter les conseils qui m'étaient donnés et qui comme de coutume étaient nombreux, je partis pour Paris, emportant avec moi mon fils. Mlle de Posson (la fille du lieutenant-colonel du 51e de ligne), amie de ma femme et Mme Quint, femme du sous-lieutenant de ma compagnie, m'offrirent leur assistance. Nous prîmes le coupé d'une diligence pour ne point avoir d'étrangers avec nous et nous embarquâmes pour la capitale le 29 ou 30 janvier, par un temps froid, humide et neigeux.

Mon voyage de La Rochelle à Paris fut pénible, triste et inquiétant. Pour nourrir l'enfant, je n'avais d'autre moyen que de tenir chaudement dans mes poches une bouteille remplie de lait, que je faisais chauffer toutes les fois que la diligence s'arrêtait pour changer de chevaux. Aussi, lorsque la voiture entra dans la cour des Messageries, mon fils était dans un tel état maladif que je le jetai dans les bras de ma mère qui était venue m'attendre, en la priant de le porter vite et vite chez ma tante où la nourrice s'était rendue pour recevoir son nourrisson. L'enfant prit avec avidité le sein qui lui fut présenté; des soins lui furent immédiatement donnés et le 4 février, la nourrice se rendit à Montceaux. J'y allai quelques jours après pour prendre connaissance des lieux... Je partis ensuite rejoindre mon régiment au Havre et de là à Dieppe.

Il n'aura l'occasion de revoir son fils que trois fois avant que le jeune homme ait lui-même embrassé la carrière militaire ; la première fois, au moment de s'embarquer pour la Guadeloupe, l'année même de la naissance de son fils ; la seconde à son retour des colonies en 1829, époque où il le mit en pension ; le troisième enfin, vers 1841, à Paris.

Fermons la parenthèse et reprenons la suite des événements.
Le 51e est en garnison au Havre ; il a détaché à Dieppe le
2e bataillon dont Herbillon fait partie et c'est de cette ville
qu'il écrit le 26 mars 1825 une lettre à son frère dont voici
quelques extraits :

Mon ami,

M. Mathias doit vous avoir fait part de la lettre que
j'ai écrite à ma tante, dans laquelle je donne des nouvelles
de mon fils et des miennes. J'attends dans ce moment une
seconde lettre de Mlle D. et je trouve le temps bien long.
J'avais toujours présumé que c'était un grand bonheur
d'être père, mais je ne pouvais m'imaginer combien l'inquiétude est grande lorsqu'on est séparé de son enfant.

Il est vrai que je n'ai rien qui puisse me distraire et que
mon imagination est toujours tendue vers le même objet.

M. Mathias a eu l'obligeance de m'écrire au sujet de la
démarche qu'a faite M. Jezzanet auprès du Ministre de la
Guerre pour mon passage dans la garde.

J'attends tranquillement le résultat de ces démarches et
si nous ne réussissons pas, mon tour d'ancienneté arrivera
dans quatre ou cinq ans et de droit je serai capitaine, car
je ne veux pas compter sur les belles promesses du colonel
qui, d'ailleurs, espère passer général au Sacre. Il est venu
nous visiter à Dieppe et m'a dit que, comme j'étais proposé
pour la Garde, je n'avais ici rien de mieux à faire que
de chercher à y entrer, chose que je sais aussi bien que lui.

Quant à notre garnison, c'est une jolie ville assez bien
bâtie, bien située, assez triste, où les logements se paient
un prix plutôt raisonnable ; nous mangeons modestement à
raison de 46 francs par mois avec une bouteille de vin par
jour ou 40 francs avec cidre et bière à discrétion. Notre
maître d'hôtel est un sapeur du bataillon dont la femme
est un peu cuisinière. Très heureux de nous trouver à pareille cuisine.

Au mois d'août, le régiment reçoit l'ordre de se rendre à
Brest.

Des bruits répandus çà et là annonçaient que le 51ᵉ régiment était destiné à la Guadeloupe, et cette direction était un présage certain de notre embarquement; la veille de quitter nos garnisons, contre-ordre fut donné, non pour le départ, mais pour l'itinéraire qui fut celui de La Rochelle, ville que nous avions quittée depuis peu de temps, et où j'avais passé de si cruelles heures.

Ce changement de route était accompagné de l'ordre d'embarquement qui devait avoir lieu à Rochefort. Nous arrivâmes le 29 août à La Rochelle; j'y fus nommé capitaine le 21 septembre.

Quitter la France, partir pour les Antilles furent un coup de foudre pour une grande quantité d'officiers. Aussi beaucoup s'empressèrent de chercher des permutants, et le personnel des officiers éprouva dès ce moment une suite continuelle de mutations qui ne cessèrent que lorsque nous fûmes embarqués.

Le sort devait décider quels seraient les bataillons qui devaient aller passer quatre ans à La Guadeloupe. A peine furent-ils arrivés à La Rochelle, qu'ils furent réunis sur la place, formés en carré et le plus jeune sous-lieutenant retira d'un shako où l'on avait placé trois numéros les chiffres 1 et 2. Le sort avait donc prononcé. Comme capitaine et remplaçant un officier du 1ᵉʳ bataillon, je fus au nombre des partants.

Je venais d'éprouver un malheur irréparable. La mort de ma femme m'avait donné du sombre. Taciturne, j'avais besoin d'un grand mouvement pour rompre la douleur, les chagrins qui m'obsédaient; ce fut donc avec une véritable joie que je me vis compris dans l'effectif des officiers qui devaient traverser la mer. Mon parti fut bientôt pris et j'attendis même avec impatience le moment où nous devions quitter le sol français.

Le mauvais temps, une mer affreuse retardèrent d'abord notre départ pour Rochefort, qui n'eut lieu que le 6 novembre. Nous y arrivâmes le même jour. Le lendemain, le bateau à vapeur nous transporta à bord de l'*Alcide*, bateau du commerce de trois cents tonneaux qui n'était pas en très bon état. Le capitaine était un ancien marin, brave homme qui ne connaissait que la pratique du métier. Il avait sous l'écorce du matelot, un cœur excellent et une bonté qui adoucit pendant la traversée, l'humeur acariâtre de plusieurs d'entre nous.

Nos peines ne devaient pas finir en un jour. Placés dans le bateau d'après le jaugeage, on commença par y entasser 200 hommes d'infanterie, 50 hommes d'artillerie. Quatorze officiers, un chirurgien et le pilote furent installés dans une chambre où il y avait place, tout au plus, pour huit personnes. Nous allâmes au Port des Barques où nous attendîmes que le vent fût propice pour prendre la direction des Antilles.

Embarqués le 7 novembre, nous restâmes en rade jusqu'au 5 janvier 1826, cherchant à chaque instant à profiter du moindre vent favorable pour sortir, mais continuellement nous fûmes obligés de rentrer, presque toujours avec des avaries.

Quelques jours après notre embarquement, on fut forcé de faire descendre les 50 artilleurs, les hommes étant trop serrés.

Enfin, le 5 janvier à midi, nous mîmes à la voile et le soir du même jour, nous perdîmes de vue les côtes de France.

Après avoir eu très beau temps les premiers jours, le 11, à l'embouchure du Golfe de Gascogne et à la hauteur du cap Finistère, nous essuyâmes une bourrasque affreuse qui dura trente-six heures. Les vents nous furent contraires jusqu'au 17 et enfin les vents alizés vinrent à notre aide.

Le 29, en passant le Tropique, selon l'usage, nous reçûmes le baptême.

Le 31 janvier, nous eûmes le malheur de perdre le charpentier du navire. La mer était houleuse, le roulis très fort; il y avait quelques réparations à faire au canot et à la chaloupe qui étaient sur le pont. Le charpentier était en train de ramasser des outils lorsqu'un coup de roulis plus fort fit pencher brusquement de tribord à bâbord. La secousse fut si grande que les bastingages du bâtiment furent rompus et le malheureux charpentier lancé à la mer. Nous eûmes la douleur de le voir périr à 600 mètres de nous sans pouvoir lui porter secours, car après avoir viré de bord plusieurs fois, les efforts devinrent inutiles.

Le 7 février 1826, à 6 heures du soir, on cria : « Terre ». C'était en effet l'île de la Désirade qui formait un point noir dans le lointain.

L'impatience légitime de tous ces hommes enfermés depuis trois mois déjà dans l'étroit espace de ce navire de faible tonnage et désireux de toucher terre au plus vite faillit provoquer une catastrophe. Le capitaine Barbier, écoutant la requête qui lui fut adressée, fit accélérer la vitesse en forçant les voiles. Sans le commissaire du navire qui signala les brisants qu'on touchait presque, l'*Alcide* se jetait sur la côte; un coup de barre vigoureux put conjurer le danger.

Le lendemain, après être restés en panne toute la nuit, à 7 heures du matin, un panorama magnifique se déroula à nos yeux. Tous sur le pont, nous ne pouvions nous lasser d'admirer toutes ces îles couvertes d'une verdure attrayante et dont l'odeur des plantes venait jusqu'à nous.

A 8 heures, nous aperçûmes la Soufrière, toutes les montagnes de la Guadeloupe et à 11 heures du matin, nous mouillâmes à la Basse-Terre, résidence du Gouverneur. Nous débarquâmes dans la journée et la première chose qui nous frappa, ce furent les désastres causés par l'ouragan de 1825.

CHAPITRE IV

La Guadeloupe était loin de posséder un climat sain. Les
maladies contagieuses et en particulier la fièvre jaune y
faisaient de nombreux vides dans la population flottante.
L'horrible fléau régnait à l'état endémique et chaque per-
turbation atmosphérique était cause d'une recrudescence
dans la propagation.

A notre arrivée, tout nous frappa, population créole,
mulâtres, métis, nègres, arbres, végétation, torrents. Je ne
me fatiguais pas d'observer et j'avais peine à croire que
sous un ciel si pur, si éclatant, sur un sol si riche, des maladies si cruelles pouvaient ainsi décimer les étrangers.
Malheureusement aucun doute ne pouvait exister. Le 48e régiment venait d'éprouver combien le séjour qui paraît si
séduisant est trompeur, car à la suite de l'ouragan de 1825,
il avait perdu en très peu de temps : un chef de bataillon,
huit capitaines, treize lieutenants ou sous-lieutenants et
six cents hommes.

Aussi la tristesse était-elle peinte sur les figures et les
récits qui nous furent faits à notre débarquement n'étaient
point propres à donner du courage. Cependant, comme on
aime à se faire illusion, on nous disait et nous le répétions
à satiété, que, puisque la fièvre jaune avait sévi avec tant
de force en 1825, elle serait probablement plusieurs années
sans paraître. Cet espoir ne devait pas être de longue durée.

Une lettre adressée à son frère Adolphe donne quelques détails sur son installation :

Guadeloupe, 4 mars 1826.

Mon ami,

Je profite du départ de notre bâtiment pour vous donner de mes nouvelles. Nous sommes arrivés tous bien portants et ne demandons plus maintenant qu'à revenir en France. Voilà un mois que nous sommes ici et jusqu'à ce moment rien ne nous annonce que ce soit un séjour bien agréable. La ville qui est notre garnison serait un petit bourg en France, et cependant, c'est la résidence du Gouvernement. L'ouragan a fait des ravages affreux; les rues ainsi que les casernes sont encore remplies de décombres et dans ce moment nous travaillons à nettoyer et à déblayer nos quartiers, afin d'éviter les maladies.

Depuis notre arrivée, nous avons continuellement de la pluie et je trouve que ce beau climat tant vanté est bien inférieur à celui de notre Midi ou de l'Espagne. Enfin, mon ami, nous nous considérons comme en exil pour quatre ans et tout mon désir est de conserver ma santé et de vous revoir.

On voit ici peu de blancs, beaucoup de mulâtres et encore plus de nègres et de négresses. Parmi ces dernières, il y a d'assez jolies femmes et surtout de fort bien faites. Les amateurs en font grand éloge pour certain exercice; quant à moi, je n'ai pas été à même d'en juger.

Tout est hors de prix et le pays, quoique très beau, n'offre pas les mêmes ressources que la mère patrie.

D'après ce que je vois, si la ville et les environs étaient plus propres, il est certain que la fièvre jaune enlèverait beaucoup moins d'Européens. Nous sommes maintenant dans l'hiver du pays, ce qui n'empêche pas qu'il y a des moments où on ne sait où se mettre pour se garantir de la chaleur. Les mois les plus dangereux sont septembre et octobre. On m'a logé au fort, on m'a donné une baraquecomposée

de quatre murs et d'un toit en planches; j'ai fait faire des
meubles avec du bois qui est le débris d'anciens meubles
et je suis perché au haut de la ville. L'air y est assez pur;
un joli berceau est devant mon réduit et un petit jardin
ainsi qu'un ruisseau se trouvent derrière cette habitation.
Nous sommes six officiers logés de cette manière et nous
nous occupons à mettre en ordre les locaux qui avaient
étét détruits par la force du vent; celui-ci souffle tellement
violent que toutes les nuits nous appréhendons d'être enlevés avec nos baraques.

*
* *

Dès le début du séjour, la maladie fit son apparition.

Si les premiers mois se passèrent fort bien et même gaie-
ment, dès le commencement de l'hivernage nous eûmes à
déplorer la mort de l'aide de camp du général Baudran,
qui était venu passer l'inspection des régiments. Quelques
jours après, Mme des Rotours, femme du Gouverneur vice-
amiral, charmante et belle, mère de deux jeunes enfants,
fut enlevée en quarante-huit heures. Enfin la fièvre jaune
parut avec toute sa laideur, son acharnement à frapper
vieux et jeunes. De suite on fit évacuer les casernes et on
transporta les troupes dans des camps qui furent établis sur
les mornes Saint-Claude, Petits-Pères, mais avant que ces
établissements fussent prêts, la mort avait déjà fait de
grands ravages.

La Guadeloupe est un pays qui est loin d'être riche, les
dégâts causés par l'ouragan de 1825 ont ruiné bien des habitants. Les maisons commencent à être relevées, mais les
dettes qui ne font qu'augmenter gênent considérablement
les colons. Il y a une foule de jeunes gens qui, ne pouvant
réussir en France, sont venus essayer si la fortune leur
serait plus favorable dans l'Archipel de l'Amérique. Quelques-uns finissent par acquérir quelques fonds et s'en vont
aussitôt qu'ils le peuvent, d'autres ne font que végéter. Les
négociants sont généralement les seules personnes qui ont
de la fortune; les propriétaires d'habitations ont beaucoup

d'esclaves, plus de terres qu'ils ne peuvent en cultiver, mais la plupart sont criblés de dettes, du moins dans la partie appelée Basse-Terre, car on dit la ville de Pointe-à-Pitre jolie et ses habitants généralement aisés.

L'éloignement de son pays, la privation de nouvelles de sa famille, la réflexion sans cesse renaissante qu'un trajet de 200 lieues vous sépare de tout ce que vous avez de cher, jettent l'inquiétude dans l'âme, le découragement dans l'esprit et causent, même avant la maladie, des ravages dans l'organisation physique, tels qu'au moment où la fièvre jaune vous atteint, vous êtes déjà frappés à mort.

Il n'y a qu'une force morale bien soutenue qui puisse surmonter les craintes qui vous assaillent de tous côtés et qui sont alimentées par le spectacle affreux de destruction qui frappe à chaque instant vos yeux.

Les troupes campées, les officiers répartis dans les habitations situées sur les mornes, tout cela avait diminué l'action de la maladie sur le moral de tous. Les casernes avaient été abandonnées. Il ne restait plus que quelques officiers qui, étant installés au bas du fort Richepanse, se croyaient à l'abri de la contagion.

Nous devions nous repentir cruellement de notre obstination à ne pas quitter nos baraques, notre joli jardin où les oiseaux-mouches venaient voltiger à toute heure du jour. Sur six officiers, deux moururent, les quatre autres furent à la dernière extrémité et conservèrent longtemps les traces de la cruelle maladie qu'ils avaient affrontée.

Un jour, revenant de Basse-Terre et rentrant chez moi, mon collègue, le capitaine Marcy m'apprend que son domestique venait de tomber malade, mais que cela ne serait rien, car il n'avait aucun symptôme de fièvre jaune. J'allai le voir et ne fus nullement de son avis. Le lendemain, le malheureux homme n'était plus... Quelques jours après, j'allai au Matouba, résidence du Gouverneur, au pied de la Soufrière. Deux compagnies d'élite s'y trouvaient logées. Invité par les capitaines Jacquier et Maronnier, je m'étais rendu près d'eux pour y passer quelques jours.

J'en partis bien portant, mais arrivé à un endroit appelé

le Pont-du-Diable, je me sentis fortement indisposé. Je continuai ma route, me couchai en arrivant. Le lendemain, malgré mes promenades au soleil pour faire revenir la transpiration, je fus fortement frappé et ne pus m'abuser sur le genre de la maladie.

Mis sur une civière, porté à l'hôpital par quatre nègres, plongé dans un bain, saigné aux deux bras, couvert de ventouses, les pieds brûlés par la moutarde, tout cela fut l'affaire d'un moment. Mais, malgré ces remèdes violents, le mal empirait et pendant trois jours je fus dans un état tellement léthargique que j'avais perdu tout sentiment d'existence.

Dans un instant de résurrection, j'avais fait prier le Dr Meunier de venir prendre mes dernières volontés. Il vint et crut que je pouvais remettre cette mission. La matinée du lendemain fut terrible, mais les soins de la brave et digne Sœur Élisabeth et ceux de la négresse Titiane me sauvèrent, car, après une crise affreuse provenant d'un bain de pieds brûlant, je m'assoupis. La transpiration arriva et je fus sauvé. Ma convalescence fut longue et pendant plus de dix ans, je me ressentis des suites de cette terrible attaque.

Il m'était réservé de voir les uns après les autres les six officiers qui étaient restés au fort Richepanse, passer par les mêmes angoisses. J'avais commencé. M. Buisson, officier-payeur, m'avait suivi de quelques jours. Faute de place, on avait dû mettre ce malheureux dans la même chambre que moi, il succomba bientôt atteint du vomito. Mes autres camarades ne devaient pas être épargnés.

Herbillon, sur le conseil des médecins, va achever de se guérir au Matoupa. Il y apprend successivement l'entrée à l'hôpital de son domestique, puis de MM. de Marcy, Choquier, officier d'habillement, Gobeau, lieutenant. Huit jours après, M. de Marcy en voie de guérison, le fait prier de venir lui parler. Il se rend à son désir et partage même sa cellule pendant la nuit.

Cette nuit fut affreuse et quand le souvenir m'en revient, les cheveux se dressent sur ma tête. Je m'étais endormi, mais d'un sommeil pénible, lorsque sur les 9 heures, je me trouvai sous le coup d'un rêve horrible, qui malheureusement fut une réalité. J'entendis des pas cadencés de gens qui portaient un fardeau et qui le posaient à terre. Des plaintes, des gémissements frappaient mon oreille, des mots entrecoupés se succédaient. Je reconnaissais la voix de M. Jussiau, porte-drapeau, qui appelait la négresse Titiane et lui demandait l'heure. De degré en degré cette voix faiblissait et vers 2 heures du maitn, tout bruit cessa. Mais de nouveau les pas se firent entendre. Il me semblait que la marche plus rapide était celle d'hommes qui voulaient se débarrasser au plus vite d'un fardeau. Je me réveillai couvert de sueur, dans un abattement complet. J'appelai à haute voix. Titiane me croyant malade accourut. Elle m'écouta avec indifférence et me répondit dans son langage de créole : « Non, ce n'est pas un rêve, M. Jussiau, porte-drapeau, a été apporté hier soir entre 8 et 9 heures par des nègres. Son agonie a duré jusqu'à 2 heures du matin et il est mort en me demandant l'heure. »

En résumé, des six officiers qui cohabitaient au bas du bastion Richepanse, quatre, violemment atteints, eurent le bonheur de se sauver : de Marcy, Choquier, Gobeau et moi. MM. Buisson et Jussiau succombèrent.

La fin du séjour aux Antilles ne fut marquée par aucun événement. La vie de garnison avait repris, normale et tranquille, mais en 1829, j'appris la mort de ma mère et celle de M. Blémont, mon beau-père. Je pris donc la résolution de revenir en France pour m'assurer si je pouvais encore réunir quelque chose de la succession de mon beau-père pour mon fils. A la même époque, l'ordre du ministre était arrivé de laisser le 51ᵉ régiment aux Colonies indéfiniment, avec la facilité seulement de permettre aux officiers de permuter; presque tous le firent.

Je m'embarquai le 4 juillet sur le *Mexico*, navire marchand, et après une traversée contrariée par le mauvais temps, je débarquai au Havre à la fin d'août et je me rendis à Paris, où je restai jusqu'aux derniers jours de décembre.

C'est pendant mon séjour dans la capitale que je reçus ma nomination avec mon grade d'adjudant-major pour le 1er régiment de ligne en date du 16 septembre 1829, par permutation avec M. Montauban. Je rejoignis mon poste à Boulogne dans les premiers jours de janvier 1830.

Les événements de 1830 nous firent appeler à Paris. Nous assistâmes aux troubles qui y eurent lieu... Le Cloître Saint-Merry fut un des endroits où les promoteurs du mouvement furent cernés et forcés de se rendre au parti de l'ordre.

Exprimons le regret que cette époque intéressante de la vie publique, cette crise insurrectionnelle qui bouleversa Paris n'ait pas trouvé en lui un historien plus prolixe.

Nous allons maintenant quitter avec lui la France pour le suivre en Algérie, sur cette terre d'Afrique où il débarqua à Oran en février 1837. Il y passera les années les plus remplies de son existence, où il fera davantage encore apprécier ses qualités. Il laissera à la province de Constantine où pendant plus de dix ans il prodiguera son temps, son travail, des traces nombreuses de ses fréquentes expéditions et, quand, plus tard, son fils arrivera dans les mêmes lieux qu'il a parcourus en tous sens, il écrira :

Presque quatorze ans après (octobre 1850) mon arrivée en Algérie, mon fils nommé sous-lieutenant en sortant de Saint-Cyr s'embarqua pour la ville où j'avais débarqué. C'est dans cette ville qu'il passa lieutenant au 1er janvier 1853 et qu'il quitte pour aller dans la province de Constantine comme son père l'avait fait quand il fut nommé chef de bataillon. A peine débarqué à Bône avec la mission de porter le drapeau de son régiment au bataillon qui était désigné pour faire l'expédition de la Kabylie, M. le général de Mac-Mahon le comprit dans le nombre des officiers de la colonne expéditionnaire. Aujourd'hui, il est en course et parcourt les montagnes de la Kabylie.

On pourra souvent lui montrer les endroits de la province que son père a organisés et les nombreux bivouacs où il a campé. C'est aujourd'hui lui qui, j'espère, prolongera mon nom dans ces pays où j'ai beaucoup vécu, beaucoup travaillé et beaucoup médité.

CHAPITRE V

Arrivée en Algérie. — Premières impressions. — Promotion au grade de chef de bataillon (7 mars 1838). — Camp de M'Ojez-Amar. — Nommé commandant du Cercle de Guelma (novembre 1839).

Deux lettres retrouvées nous donnent les premières impressions du futur vainqueur de Zaatcha :

Oran, le 17 mars 1837.

Mon Ami,

Après une traversée de sept jours qui, à cause du mauvais temps a été assez pénible, nous sommes arrivés en Afrique. Notre débarquement s'est opéré à deux heures d'Oran, sous le fort de Mers-el-Kebir; de là nous nous sommes rendus en ville en traversant les montagnes qui bordent la mer; enfin, nous avons atteint notre destination le 27 février à 5 heures du soir.

En recevant l'ordre de nous rendre en Afrique, nous nous attendions à de grandes privations. Nous n'avons pas été trompés. Nos soldats, enfermés dans l'ancienne Kasbah, ont de la paille pour lit et les officiers ont le même avantage; cette privation d'un bon lit n'est rien pour nous, mais ce qui est pénible, c'est de voir le désordre qui règne dans l'administration, c'est de rencontrer une nuée d'employés qui pillent, volent, regorgent de tout pendant que nous autres, *cheville ouvrière* de l'armée, nous sommes obligés de nous disputer pour obtenir les vivres qui nous sont dus. Nous nous attendons à aller au camp d'ici la fin du mois et dans les premiers jours d'avril; nous présumons qu'on poussera une reconnaissance sur Tlemcen pour ravitailler cette ville dans laquelle un bataillon se trouve enfermé.

Nous ne pouvons pousser nos promenades bien loin, dans la crainte de rencontrer des Bédouins qui probablement nous mettraient dans une position à ne plus rentrer en ville; aussi ne hasardons-nous pas nos courses hors des limites des block-haus.

Tout est hors de prix; en arrivant, ayant été forcé d'acheter un cheval, je l'ai payé 500 francs sans le harnachement; c'est une belle bête, race du pays; de plus, comme il n'y a aucun moyen de transport et que tout est à nos frais, je me suis pourvu d'un âne qui m'a coûté 100 francs. Me voilà donc équipé et monté, mais ma bourse est entièrement vide. Pour la remplir un peu, je viens de m'arranger de manière à me contenter de mes vivres; aussi ma nourriture est à peu de choses près, la même que celle de nos soldats.

D'après ce que je vois et ce que me disent les officiers qui sont ici depuis plusieurs années, je crains que les millions que la France jette dans ce pays n'aient pour tout résultat que d'enrichir quelques spéculateurs qui, sans probité, sans foi, viennent en Afrique pour réparer les torts de la Fortune à leur égard. Enfin, avec de la philosophie, j'espère me mettre au-dessus de tout ce que je vois et de ce que j'entends.

*
* *

Camp de Bredhea, 2 juillet 1837.

Mon Ami,

Voici quatre mois que je suis en Afrique et sur ces quatre mois, trois ont été passés en bivouac, changeant de camp à chaque instant. Enfin, on nous promet que le 15 de ce mois, nous rentrerons à Oran. Pour mon compte, j'en suis enchanté.

Nous avons fait, sous les ordres du général Bugeaud, une expédition qui, malgré qu'elle fût de courte durée, fut pénible.

Partis le 17 mai du camp que nous occupons aujourd'hui à 8 lieues d'Oran, avec un convoi très considérable, nous avons ravitaillé Tlemcen et progressé jusqu'à l'embouchure de la Tafna où la paix fut faite avec Abd-el-Kader, le chef arabe le plus influent du pays. Nous revînmes ensuite en côtoyant la mer et depuis le 7 juin, époque du retour de l'expédition, nous campions à 12 lieues d'Oran. On vient de nous rapprocher de la ville, puisque le camp de Brédhéa n'en est qu'à 8 lieues. Nous avons bien souffert de la chaleur, surtout les 5 et 6 juin, où le thermomètre marquait 45°. Nos hommes, épuisés et suffoqués, tombaient haletants; rien ne pouvait leur faire faire un pas de plus. La journée du 5 a été particulièrement cruelle, mais tout cependant alla pour le mieux, puisque le soir nous avons eu le bonheur de réunir tout notre monde.

La marche de la troupe étant réglée de manière à s'arrêter près des ruisseaux, nous marchions quelquefois des journées entières sans trouver l'objet de notre désir. Aussi à peine était-on arrivé à l'endroit où on devait bivouaquer que les soldats, les chevaux, les chameaux, etc... se précipitaient dans le ruisseau qui n'était bientôt plus qu'un bourbier et parfois on ne rencontrait plus que de l'eau saumâtre...

À la suite de l'expédition, le général en chef Bugeaud a fait des mémoires de proposition et il vient de me proposer pour le grade de chef de bataillon... Je n'aurai rien à me reprocher; mes services, mes campagnes, ma conduite sont des titres à l'avancement. Si je ne réussis pas, je patienterai encore cinq ans, époque où je me retirerai et là, libre de mes actions, je me consolerai de l'injustice des hommes...

Le maréchal Bugeaud lui tint parole et fit donner, le 7 mars 1838, le brevet de chef de bataillon à celui dont il disait :

Voilà un officier véritablement distingué, instructeur remarquable, rôle, activité, dévouement, il a tout ce qu'il faut pour faire un excellent chef de bataillon et plus tard un chef de corps (1).

---

(1) Rapport du général Bugeaud.

La satisfaction du nouveau commandant se traduit dans une lettre à son frère, le 2 avril 1838, dont on peut extraire ces lignes :

Je pars demain 3 avril par le bateau à vapeur pour me rendre à mon nouveau régiment (2e régiment de ligne) qui est divisé par le détachement de Bône à Constantine. Me voici encore une fois avec de nouvelles figures et de nouveaux chefs...

Enfin, le pas le plus difficile est fait et il ne me reste plus qu'à aller; l'Afrique a cela d'avantageux qu'avec la santé on est presque forcé de faire son chemin.

Le vieux registre devient plus prolixe et les notes sont plus complètes et rédigées avec un soin minutieux. On sent que le cœur y est et que la nouvelle tâche passionne le conteur.

J'arrivai à Bône le 14 avril 1838 et comme mon bataillon se trouvait à M'Djez-Amar (1), je prenais toutes mes dispositions pour me rendre à mon poste, lorsque le 24, le colonel Roux, qui commandait la subdivision, apprit par un rapport que M. le lieutenant-colonel Dorlhac du 12e de ligne, qui s'était dirigé chez les Bene-Oudjessa, avait été forcé de revenir à marches forcées après une perte de 1 officier et plusieurs soldats tués et quelques blessés.

A cette nouvelle, le colonel me donna l'ordre de me rendre immédiatement à M'Djez-Amar pour y prendre le commandement. Je partis le 27 et le 29 j'arrivai dans ce camp. Le lendemain, le lieutenant-colonel me remit le commandement.

A mon arrivée, je pris connaissance du pays, des troupes et je m'occupai de suite de mettre de l'ordre (il y avait désordre complet, au point que les sous-officiers et les soldats mangeaient à volonté) et surtout de relever le moral des officiers et de la troupe qui, par suite de l'échec reçu, n'avaient aucune confiance dans leurs chefs.

---

(1) Le camp de M'Djez-Amar, établi sur la Seybouse, formait tête de pont sur la route de Bône à Constantine.

Les tribus kabyles et arabes qui entouraient le camp furent particulièrement le sujet de mon attention et de ma surveillance. Je me mis en relation avec tous les chefs; je travaillai avec eux et je pris intérêt à tout ce qui pouvait les flatter. En très peu de temps, je gagnai leur confiance et je me mis parfaitement au fait du pays que je parcourus en tous sens, c'est-à-dire partout où l'on pouvait aller, car à cette époque la soumission était peu étendue. Continuellement, les courriers, les convois étaient attaqués et les voyageurs isolés assassinés.

C'est au mois de juillet 1838 que dans la province de Constantine on fit l'essai de lever les impôts. Ce fut M. le commandant de Mirbeck des spahis de Bône qui fut chargé de cette mission par M. le maréchal Valée.

Cet officier supérieur arriva à M'Djez-Amar le 13 juillet et de concert avec lui, nous réunissions le caïd Bou-Mourad, le caïd Ben-Saïd et tous les cheiks. L'impôt fut fixé, mais très modérément pour habituer petit à petit les Arabes à être tributaires de la France.

C'est à cette époque que s'éleva le différend entre les tribus arabes et kabyles, qui ne fut terminé qu'en 1840. Il provenait de ce que les Kabyles, s'étant emparés du territoire arabe, refusaient d'être soumis à un caïd arabe et ne voulaient dépendre que d'un caïd kabyle.

Le maréchal Valée était à ce moment gouverneur général de l'Algérie et le général de Négrier commandait la subdivision de Constantine.

M. le général de Négrier était d'une très grande sévérité envers les Arabes. Homme impartial, juste, d'une probité à toute épreuve, cet officier général s'était attiré l'estime et l'amitié des indigènes qui le respectaient et le craignaient. Mais le maréchal Valée lui était opposé, il ne l'aimait pas.

Il n'était nullement question de son changement lorsque le général de Galbois en débarquant de Bône, me fit donner l'ordre d'arrêter le courrier à son passage à M'Djez-Amar. (Ce courrier portait l'ordre à M. le général de Négrier de remettre à M. le général de Galbois le commandement de

la province.) Comprenant combien il serait pénible au général de Négrier de ne recevoir son ordre de remplacement
que par son successeur, sous le prétexte que je n'avais pas
compris, je laissai partir le courrier et le brave général eut
le temps de faire ses préparatifs de départ. D'un autre côté,
M. le général de Galbois, en arrivant à Constantine, y
trouva très bon accueil. (Il fut très content de la non-exé-
cution de son ordre qui l'aurait mis dans une situation délicate vis-à-vis du général de Négrier.)

Le général de Galbois arriva au camp le 27 juillet et le
général de Négrier y passa le 3 août.

M. le maréchal Valée allant à Constantine, s'arrêta à
M'Djez-Amar la journée du 20 septembre. C'est d'une
conversation que j'eus avec lui que date la confiance qu'il
me témoigna.

Voici les faits :

Le caïd Bou-M'Zad étant insatiable de pouvoir, ne pouvait endurer que les Kabyles qui s'étaient emparés du pay-
de Guerfa (1) ne fussent pas sous ses ordres. De là, querelles continuelles avec les cheiks kabyles qui lui refusaient
obéissance. Le caïd avait demandé audience au maréchal
qui, ne connaissant pas les traditions du pays, ni les loca-
lités, ne pouvait donner solution aux réclamations qui lui
étaient soumises. Il me fit appeler. Je lui donnai clairement l'explication des prétentions de Bou-M'Zad, en lui
signalant que les Kabyles s'étant emparés par les armes
de tout le pays de Guerfa ne pouvaient être soumis qu'à
un des leurs, sans quoi il n'y aurait aucune tranquillité
dans le district de M'Djez-Amar.

Le maréchal me laissa juge dans cette affaire délicate et,
en sortant de ma tente, ayant rencontré le colonel Vaillant
du génie, qui l'accompagnait dans son voyage, il lui dit :
« Colonel, connaissez-vous ce chef de bataillon? c'est un
officier supérieur que je laisserai en Afrique. »

A son retour de Constantine, le 26 octobre, il me dit

____

(1) 25 kilomètres sud du camp de M'Djez-Amar.

qu'il m'avait placé au commandement de La Calle. Mais ce fut à Guelma que je fus envoyé.

Le 30 septembre, le 2ᵉ bataillon du 12ᵉ de ligne avait quitté M'Djez-Amar pour rentrer à Bône. L'importance de ce point fortifié avait en effet perdu toute raison d'être depuis la chute de Constantine, le 13 octobre 1837. M'Djez-Amar avait servi de place de dépôt, de station tête d'étapes, en quelque sorte, à cause de sa situation sur la route directe de Bône à Constantine. Mais c'était Guelma qui devait en réalité retenir l'attention des organisateurs de la province.

Le 15 novembre, je quittai à mon tour le camp, emmenant avec moi l'autre bataillon. Tous les hommes, officiers et soldats, avaient la fièvre et ne pouvaient faire la route pour cause de faiblesse; je fus donc forcé de prendre pour les transporter les voitures du génie, de l'artillerie qui se trouvaient en ce moment au camp. Ce fut avec peine que j'arrivai le 16 à Dréan où je reçus l'ordre de rester.

Pendant les sept mois que j'avais commandé à M'Djez-Amar, presque tous les soirs, des coups de fusil étaient tirés sur le camp. Les nombreux convois qui y passaient pour ravitailler Constantine étaient très souvent attaqués. Les fièvres sévissaient sans relâche. La mortalité était grande et ce qui était le plus inquiétant, c'était le découragement qui existait souvent dans les corps composant la garnison.

Ce fut mon début dans le commandement d'un poste difficile et dans les affaires arabes. Je me livrai entièrement à l'étude des mœurs, des coutumes et de la langue indigène. Je me familiarisai avec les questions litigieuses et en quittant le camp, je regrettais déjà cette vie d'émotion que je n'avais encore qu'effleurée. C'est pendant mon séjour à M'Djez-Amar que des constructions furent faites pour caserner les troupes. Elles furent plus tard remises à M. l'abbé Landmann pour la création d'orphelinats.

Je partis le 16 décembre pour aller prendre le commandement de Guelma. Pendant mon séjour à Dréan, je n'eus qu'à visiter les environs; je fis le voyage de Bône où je pris congé de mon régiment, qui déjà s'attendait à rentrer en France.

M. le colonel Roux aurait désiré me conserver, mais mon parti était irrévocablement pris : rester en Afrique, y faire mon chemin... ou succomber.

———

CHAPITRE VI

**Guelma. — Rivalité dans la tribu des Hanenchas entre
Resky et Asnaoui. — Une colonne du 26ᵉ de ligne appuie
les prétentions de Resky, mais échoue. — Levée des
impôts. — Tentative de négociations avec Asnaoui. —
Soumission de la tribu des N'Bails du Fedj-Falcoun.
— Exécution capitale.**

Ma nomination au cercle de Guelma, qui était à former,
ne me laissait pas sans inquiétude, car si je n'avais qu'effleuré
les affaires arabes pendant mon séjour à M'Djez-Amar,
j'avais déjà compris la grande difficulté d'administrer les
indigènes, d'être à leur tête, non seulement comme chef,
mais encore comme homme politique et comme juge. En
1838, en effet, rien n'était encore arrêté pour l'organisation
des bureaux arabes. Par conséquent, le commandant supérieur d'un camp et surtout d'un Cercle était le distributeur
de grâces, de peines et le chef souverain des tribus qui
étaient renfermées dans l'étendue de son territoire.

M. le général Désirier s'était déjà beaucoup occupé de
l'organisation des Kabyles, leur avait nommé un caïd des
Khalifats; il avait même établi des relations avec les tribus
arabes des environs. Mais tout était ébauché et rien n'était
bien solidement établi; les rouages ne fonctionnaient pas,
aussi querelles continuelles entre Kabyles et Arabes, assassinats, vols incessants et vengeances de toute espèce.

La formation des Cercles, dont le maréchal Valée est le
créateur, ayant pour but de mettre entre les mains des
officiers français le pouvoir, la direction et l'administration du pays, il fallait dès le début gagner la confiance des
indigènes par une sévérité bien entendue, par la dignité

du maintien et par un caractère froid et conciliant. On devait les frapper par le désintéressement, qui est rare chez eux et enfin par des relations de commerce et amicales, rapprocher de nous des tribus nombreuses qui ne nous connaissaient que comme ennemis de leur religion et comme envahisseurs de leur territoire.

Bien pénétré de l'importance de mes nouvelles fonctions, j'arrivais à Guelma le 16 décembre 1838.

Le camp était renfermé dans l'ancienne enceinte de la Calama du temps de Justinien. De longues baraques faites à la hâte servaient de logement aux officiers, sous-officiers et soldats. On avait réservé la meilleure pour l'hôpital. Des hangars mettaient tant bien que mal les chevaux à l'abri du mauvais temps.

Le colonel Désirier avait tracé l'emplacement d'un village où quelques marchands hardis avaient fait construire quatre à cinq maisons qui furent abandonnées, n'étant point défendues contre les attaques des Arabes. Ces quelques marchands et des cantiniers s'étaient réfugiés dans l'intérieur du camp où on les avait autorisés à élever des gourbis. C'était un marché permanent où se débitait quantité de mauvais vin et force alcool, mais qui malgré ce grave inconvénient, était nécessaire par suite de l'éloignement de Bône dont la route n'était point sûre.

Le 9 janvier 1839, je pris possession de la baraque du commandant supérieur. Elle était composée de deux pièces dont l'une servait de salle à manger, de salon pour recevoir les Arabes; la seconde de chambre à coucher. Couvertes en planches non jointives, ayant la terre pour plancher, il en résultait que par les grandes chaleurs on y étouffait et en cas de pluie, il n'y avait point d'autre moyen de se mettre à l'abri que de se couvrir de son manteau.

A peine installé, tous les caïds, cheiks et grands des tribus kabyles et arabes vinrent me présenter leurs hommages et commencèrent par exposer nombre de griefs et de plaintes, des réclamations, des prétentions outrées. Je pris près d'eux tous les renseignements dont j'avais besoin et de ce jour je traitai moi-même toutes les affaires qu'ils

me soumettaient et dont un assez grand nombre furent de
la plus haute gravité.

Le 10 janvier, le fils aîné de Resky, cheik des Hanenchas,
arrive à Guelma. Il se dirigeait sur Constantine pour solliciter le départ d'une colonne dont le but était de faire
reconnaître son père par toutes les tribus des Hanenchas.

Le concurrent de Resky était Asnoui, homme fin, rusé,
astucieux, ennemi mortel de son adversaire. Il avait profité de la soumission de Resky pour se faire valoir auprès de
Hanenchas qu'il avait entièrement gagnés à son parti. Il
y avait eu du sang répandu entre les deux familles et la
réconciliation devenant impossible, Resky avait compris
que par son influence seule, il ne pouvait abattre son
ennemi. Il eut recours aux Français non seulement pour le
soutenir, mais encore pour l'installer solidement dans son
caïdat. Tahar, son fils, obtint du général de Galbois qu'une
colonne partirait de Guelma pour faciliter l'investiture de
son père.

Les préparatifs de départ, l'organisation de la colonne
durèrent presque un mois.

Cette première affaire, dont les suites furent si graves,
me démontra combien il fallait de prudence, de tact, de
discernement pour découvrir toute la fausseté du caractère arabe qui, pour arriver à ses fins, n'épargne ni souplesse, ni mensonges, ni prières.

Le 8 février, la colonne partit de Guelma. Elle était peu
forte et commandée par M. le chef de bataillon Janet, du
26ᵉ de ligne. Elle alla camper près de la Seybouse, chez
les Beni-Muzelines; le lendemain, elle entra dans le pays
des Hanenchas où, le 12, elle eut une affaire avec les indigènes qui la voyant peu nombreuse la harcelèrent. Le commandant, s'apercevant trop tard que le cheik Resky ne
pouvait tenir les promesses qu'il avait faites de fournir
bêtes de somme et cavaliers, crut prudent de rétrograder.
Il rentra à Guelma le 17, après la perte de quelques hommes
et plusieurs blessés. Cette expédition manquée donna de
la force et de l'influence à Asnoui. Quant à Resky, il vint

camper à quatre lieues de Guelma, où sa famille et lui furent à la charge du Gouvernement français.

Cette expédition fut faite avec la plus grande légèreté. Le général de Galbois, se fiant aux belles paroles de Tahar et de Resky, ne doutait nullement du succès et le commandant Janet se mit en route sans avoir pris aucun renseignement ni sur le pays qu'il avait à parcourir, ni sur les tribus qui devaient reconnaître le caïd. Cette malheureuse affaire retarda beaucoup la soumission du pays et nuisit considérablement aux relations que je commençais à entamer avec les tribus de la montagne.

Ainsi, dès mon début dans les affaires arabes, j'eus de grandes difficultés à surmonter, car, comme le Gouvernement n'avait encore rien arrêté sur l'extension à donner à la conquête africaine, il fallait négocier entre les Arabes et éviter tout conflit.

Le retour précipité de la colonne causa un peu d'émoi parmi les tribus soumises, mais ce ne fut qu'un moment. Les habitants du Guerfa trouvant en moi un homme intègre et juste m'apportèrent tous leurs litiges à juger, même les plus délicats et les plus secrets. Cette confiance qu'ils eurent en ma manière d'agir envers eux, ils me la conservèrent pendant tout le temps que je restai à Guelma.

Le 28 février, Asnou qui jusqu'à ce moment n'avait eu aucune relation avec moi me fit faire des compliments. De cette époque, nous ne fûmes plus étrangers l'un à l'autre. Malheureusement, des tiers se mirent en opposition avec ses intentions de soumission et furent cause que cette partie de la province nous resta longtemps hostile.

Le général Guingret (1) vint à Guelma le 9 avril. Pendant son séjour au camp, il témoigna sa satisfaction pour la manière dont les affaires arabes étaient traitées et l'extension que prenaient les relations avec les tribus. Il alla visiter la famille Resky, le caïd Elsir-Ben-Mourad et par-

____

(1) Le général Guingret avait remplacé le colonel Roux dans le commandement de la subdivision de Bône.

courut un peu le pays, mais sans beaucoup s'intéresser aux choses.

Il était instruit, avait bien fait la guerre, était allé aux colonies, comprenait parfaitement toutes les questions arabes qui lui étaient soumises; mais viveur et joyeux compagnon, indifférent sur les solutions à donner, il n'en imposait nullement à ses subordonnés. Les Arabes n'avaient pour lui que le respect dû à un grand chef, sans la confiance et le prestige qui devaient être l'attribut de sa haute position.

L'année précédente, un premier essai de prélèvement de l'impôt sur le territoire avoisinant les camps de Guelma et de M'Djez-Amar avait donné un bon résultat. Il s'agissait maintenant d'en étudier l'application non encore tentée chez les indigènes de la montagne.

Le 23 juin 1839, je me mis en route pour commencer le prélèvement du hokor (1) chez les Achaïdes, tribu nombreuse qui habitait la partie est du Djebel Mahouma. Ma colonne était très faible et peu capable de s'opposer à un refus de paiement. Il fallait donc avant tout éviter un conflit et j'obtins par la conciliation la rentrée de l'impôt, tel qu'il avait été fixé par le Caïd et moi. Le 4 juillet, je rentrai à Guelma, après avoir accompli une mission qui me donna espoir pour l'avenir, en prouvant que l'on pouvait par la prudence arriver à obtenir des indigènes des impôts, chose que l'on croyait alors peu praticable. Depuis cette époque, le cercle de Guelma ne cessa de payer le hokor et l'achour (2).

Les négociations avec Asnaoui avaient suivi leur cours. Le cheik des Hanenchas m'avait envoyé des émissaires pour me sonder sur les conditions de sa soumission future. Un de ses amis, le cheik des Ouled Kaibeb s'était entremis

---

(1) Une des quatre contributions arabes perçues en Algérie. N'est levée que dans le département de Constantine. Représente le loyer des terres sur esquelles la tribu n'a qu'un droit de puissance (Voir *Larousse*).

(2) Dîme prélevée au profit de l'État sur les produits de la terre. Est payé en argent depuis 1858 (Voir *Larousse*).

dans ce but et une entrevue devait avoir lieu sur le territoire de cette dernière tribu.

J'avais prévenu M. le général de Galbois des démarches faites par Asnoui, de son désir de se rapprocher des Français et de son intention de faire sa soumission, à condition que la famille Resky s'éloignerait. Le général avait acquiescé et m'avait envoyé le diplôme d'Asnoui avec une lettre pour Resky par laquelle il l'engageait à se rendre à Constantine.

Les choses en étaient arrivées à faire espérer que toute cette partie de la province allait être soumise sans brûler une amorce. Mais, soit mauvaise intention des Arabes qui étaient près du général Guingret, soit son désir de terminer lui-même cette affaire importante, il se rendit à Guelma le 2 août, pour se rendre au rendez-vous que je devais avoir avec Asnoui. Celui-ci, soupçonneux de son naturel, ne vit dans le voyage du général que le projet de s'emparer de sa personne. Il ne vint pas au rendez-vous et se retira du côté de la frontière de Tunis. Cette affaire entamée et amenée jusqu'au résultat fut donc manquée par la faute du général Guingret.

De ce moment, Asnoui devint notre plus mortel ennemi.

La situation sanitaire devenait peu rassurante. Pendant les mois de juillet et d'août, les malades augmentèrent d'une manière effrayante. Le 22 septembre, il y avait 310 hommes à l'hôpital, c'est-à-dire dans les baraques que l'on avait évacuées pour mettre les malades à l'abri. La garnison était de 600 hommes, il en résultait que plus de la moitié de l'effectif était hors de service.

Le 12e de ligne, colonel Roux, était rentré en France depuis le commencement de l'année 1839. Sur l'ordre du maréchal Valée, quoique comptant toujours à ce régiment, j'avais conservé mes fonctions de commandant du Cercle. Le ministre donna l'ordre de me faire réintégrer immédiatement mon poste à Avignon.

En réponse à cette lettre impérative, le maréchal Valée rendit compte le 6 octobre 1839, qu'il ne pouvait se séparer

de moi, car aucun officier ne pouvait remplir mes fonctions
à la tête du cercle de Guelma.

— « Il est d'une importance majeure, dit-il, que sous le
rapport militaire comme sous le rapport administratif,
cette partie du territoire (du côté de Tunis) soit entre les
mains d'un homme militaire et administrateur. C'est le
cas d'Herbillon que je ne peux en conséquence déplacer.
Il serait donc à désirer que le ministre voulût bien placer
cet officier supérieur dans une situation qui lui permît
de continuer à résider en Afrique. » —

Les raisons données par le maréchal Valée motivèrent
une permutation en date du 15 novembre 1839 et je passai
au 26e de ligne en remplacement de M. Maigret. Cette nouvelle fut portée à ma connaissance par une lettre du général Guingret, en date du 18 décembre 1839, qui m'annonçait
en même temps mon maintien au Cercle de Guelma.

Pendant que cette question se débattait pour moi dans
les hautes sphères du commandement, je ne restais pas
inactif. Les alentours du camp étaient loin d'être sûrs; des
troubles étaient fomentés de temps en temps par des agita-
teurs, des fanatiques. Il importait d'y mettre bon ordre et
d'étouffer les tentatives de soulèvement. La rivalité de
Resky et d'Asnoui se réveillait, les N'Bails esquissaient
un mouvement de révolte.

Malgré la plus grande surveillance, des assassinats étaient
souvent commis par des Arabes sur les militaires, voitu-
riers isolés et même à la porte des camps. Ainsi, le 4 octobre, il me fut annoncé que des Arabes avaient assassiné un
boulanger nommé Charles qui s'était établi dans une maison près de M'Djez-Amar et qu'un soldat avait été dange-
reusement blessé.

Durant toute l'année 1839, l'inquiétude exista dans le
Cercle de Guelma. Le bey Akmet allait de temps en temps
exciter les Haractas contre nous. Les tribus voisines avaient
des relations avec cet ancien chef, et nos caïds même lui en-
voyaient journellement des mulets chargés de provisions.

C'est au mois de novembre que le vieux Resky, se croyant
de nouveau assez fort pour attaquer Asnoui son adver-

saire, rassembla les chefs des Hanenchas qui se rendirent
près de lui. Resky et ses neveux entrèrent donc dans le
pays. Ils se mirent à la poursuite d'El Asnoui qui, les
ayant attirés près de la Medjerda, reprit l'offensive. Les
Grands qui étaient avec Resky l'abandonnèrent et le malheureux vieillard fut obligé de fuir jusqu'au pays des
Klennas où il s'établit avec sa famille.

Le 13 décembre, les N'Bails du Fedj-Falcoun ayant reçu
à coups de fusil des spahis que j'avais envoyés chez eux
pour porter un ordre, je sortis de Guelma à 10 heures du
soir. Je marchai toute la nuit et le lendemain à la pointe
du jour, deux douars furent enlevés. Je revins au camp
avec 200 bœufs, 200 moutons, 20 chevaux. Le cheik Tahar-
N'Bili vint quelques jours après demander l'aman. Depuis
ce jour, cette tribu fut entièrement soumise.

Cette répression énergique et rapide me valut une première citation à l'ordre du jour de la subdivision de Bône,
en date du 19 décembre 1839.

*Ici se place un trait de mœurs à propos de l'exécution capi-
tale qui eut lieu le 15 décembre 1839 sur la place du Marché
de Guelma.*

Un nommé Said-Ben-Messaoud avait assassiné, dans sa
tente, le Kabyle Ali-Ben-Messaoud. Le meurtrier ayant été
arrêté, les cheiks kabyles demandèrent que sa tête tombât.
Je les réunis en Medjelen (1) et le coupable fut condamné
à l'unanimité à mort. A la requête des cheiks, il fut livré
à la famille du défunt. Ce fut le père du malheureux jeune
homme assassiné qui voulut trancher la tête du meurtrier
de son fils. Quoique âgé de soixante-dix ans, il exécuta la
sentence et quand la tête fut séparée du corps, le vieillard
trempa ses mains dans le sang du coupable et s'en frotta
la figure. La rage de la vengeance était empreinte sur la
figure de ce vieillard.

Il n'y a pas encore deux ans qu'Herbillon est investi de

---

(1) Le Medjelen était l'assemblée des notables.

ses fonctions spéciales de commandant de Cercle et déjà il a su prendre une telle autorité, donné la mesure de ses dispositions si spéciales pour l'administration des affaires indigènes qu'une lettre du général Guingret au maréchal Valée signale la nécessité de le nommer au plus tôt lieutenant-colonel pour services exceptionnels.

ARMÉE D'AFRIQUE

DIVISION
DE CONSTANTINE

Subdivision
de BONE

Bône, le 3 novembre 1839.

Monsieur le Maréchal,

Je me proposais d'avoir l'honneur de vous écrire en faveur de M. le commandant Herbillon, avant même de recevoir la lettre ci-jointe, que m'adresse cet officier supérieur. Je ne puis rien faire de mieux dans son intérêt que de vous la transmettre.

M. le chef de bataillon Herbillon, à la fois comme militaire et comme chef politique du Cercle de Guelma est au-dessus des éloges qu'on pourrait en faire. Les résultats qu'il obtient prouvent plus pour lui que ne feraient ses paroles. Il est de ceux qu'il ne faut pas entraver. S'il y avait partout des officiers de sa trempe, les affaires d'Afrique marcheraient toutes seules, je crois donc utile dans l'intérêt de votre Gouvernement, de l'attacher au sol africain; la partie la plus intelligente et la plus précieuse de son mérite sera perdue ou annulée dans un régiment.

Cependant, que ce chef de bataillon reste au 12e ou passe dans un autre régiment de l'armée d'Afrique, jamais le colonel de son corps ne le proposerait pour l'avancement au choix, puisque cet homme de mérite spécial ne serait qu'une non-valeur pour le régiment où il compterait. D'un autre côté, la position militaire du commandant du Cercle

de Guelma exigerait qu'il fût revêtu du grade de lieutenant-colonel, puisque la garnison de cette place est sous
les ordres d'un chef de bataillon, qui peut se trouver plus
ancien que M. Herbillon, ce qui susciterait des frottements
nuisibles au service.

D'après ces considérations d'intérêt de service et aussi
pour que le commandant reçoive la juste récompense
de ses services passés et un puissant encouragement pour
ceux que *lui seul* est capable de rendre dans les fonctions
que vous l'avez *deviné* capable de remplir, je vous demande
instamment non seulement de le faire porter d'*office* sur le
tableau d'avancement des officiers supérieurs de 1840, mais
bien de le faire nommer dès à présent, pour services extraordinaires, à l'une des premières places vacantes qui auront
lieu dans le grade de lieutenant-colonel.

Permettez-moi de vous faire observer, Monsieur le Maréchal, que le commandant du cercle de La Calle et le
commandant Janet du 26ᵉ ont été nommés officiers de la
Légion d'honneur, tandis que M. Herbillon, homme d'une
tout autre taille, n'a point encore été récompensé. Il mérite le grade de lieutenant-colonel et ce grade est indispensable à sa position actuelle. Il faut d'ailleurs pousser cet
officier supérieur pour qu'il arrive enfin en position de
rendre en Afrique tous les services que l'on doit attendre
de son caractère, de son instruction et de son genre de mérite.

Général GUINGRET.

*Cette question paraît avoir été l'occasion d'une correspon-
dance suivie entre le maréchal Valée et le général Guingret,
car en date du 13 janvier 1840, le général Guingret écrit à
Herbillon la lettre suivante, provoquée apparemment par une
missive reçue du maréchal peu de temps avant :*

Commandant,

Le Maréchal répond à ma dernière lettre qu'il a appelé
l'attention du ministre sur les services rendus par M. Her-

billon dans les fonctions importantes qu'il occupe et qu'il espère lui voir en obtenir la récompense. Il me prie de le tranquilliser à cet égard, en lui donnant l'assurance qu'il fera tout ce qui dépendra de lui pour attirer sur cet officier supérieur la bienveillance du Gouvernement du Roi. Dormez donc en paix.

Le Maréchal, comme vous le verrez par l'ordre du jour de l'armée, a remporté un avantage signalé sur les troupes de l'Émir. C'est une véritable victoire, répandez-en la nouvelle.

Le Lieutenant-Général est ici depuis hier, il s'en retournera par Philippeville. Une batterie de montagne se trouve retenue à Nechmaya, le ruisseau d'Or n'étant pas guéable.

Recevez, Commandant, l'assurance de ma considération très distinguée.

Général GUINGRET.

CHAPITRE VII

Difficultés avec les indigènes. — Incursions des Haractas.
— Colonie organisée contre cette tribu (16 mars 1840).
— Combat sur les bords de l'oued Meskiana (20 mars
1840). — Soumission des Haractas. — Herbillon est
promu lieutenant-colonel (24 novembre 1840) au 18ᵉ régiment d'infanterie légère. — Il passe au 62ᵉ le 2 janvier 1841 et reste à Guelma. — Expédition chez les
Beni-Salah (décembre 1840).

———

Voici quelle était la vie au camp de Guelma :

Les affaires arabes se multipliaient. Devenu le confident
des caïds et des cheiks qui avaient en moi la plus grande
confiance, des relations s'établissaient même avec les tribus
les plus hostiles. Par mon assiduité et mon travail, par
mes tendances à la conciliation, j'étais devenu le véritable
Cadi. C'est à mon tribunal que femmes, vieillards, hommes
mûrs et jeunes venaient porter leurs plaintes. Tous s'en
retournaient satisfaits de l'accueil reçu, de la justice rendue.

A cette époque, il n'était pas question des bureaux
arabes. Par conséquent, je résumais en moi affaires politiques contentieuses et j'avais, en outre, le service journalier et le commandement militaire. Du matin au soir,
j'étais à mon bureau que je ne quittais que pour parcourir
le pays et visiter les douars.

Peu d'officiers se livraient à l'étude des affaires arabes,
car au début de notre conquête, on n'apercevait encore
rien dans l'avenir qui pût faire présager notre maintien
dans le pays et notre rapprochement des indigènes. L'organisation du Cercle de Guelma, les résultats obtenus ser-
virent en quelque sorte de base non seulement pour l'essai

des bureaux, mais encore pour le développement des Cercles dans la province de Constantine.

Les privations, les fièvres, les luttes que j'ai eu à soutenir avec les généraux, les difficultés que j'ai eu à surmonter pour asseoir l'impôt, pour assurer les limites des tribus, la sévérité que je fus forcé d'adopter pour arrêter les assassinats, rien ne m'arrêta, et, je puis le dire, le succès répondit à ma ténacité, à ma persévérance car, lorsque je quittai la province de Constantine, Guelma était devenu un grand centre de population et une jolie ville.

Les affaires qui me donnaient le plus de soucis et même d'inquiétudes étaient les condamnations à mort, parce que j'avais à chercher la vérité au milieu des faux rapports, de dénonciations méchantes, de vengeances de famille, de haines de tribus, de contradictions incessantes. Avant de réunir le Medjelen, malgré tous les soins que je prenais de m'éclairer sur les causes du crime, sur la moralité et la conduite du criminel, il me restait toujours une incertitude pénible et quand le jugement était rendu, c'était avec angoisse que je voyais arriver le jour de l'exécution. J'aurais voulu la retarder pour chercher à découvrir s'il n'y avait pas dans la condamnation quelque animosité particulière. Cependant comme il était de toute nécessité de faire cesser les nombreux assassinats, je fis taire mes appréhensions et liver au *Chaouch* les coupables.

Déjà plusieurs condamnations à mort avaient eu lieu. Les exécutions s'en étaient suivies; mais comme les criminels avaient été pris pour ainsi dire en flagrant délit, ma conscience ne pouvait être atteinte d'aucun regret. Mais, au mois de janvier 1840, un assassinat fut commis sur le caïd des Beni-Kaïd et sa femme. Le Kabyle accusé de ce double meurtre était un homme de vingt-six ans qui avait servi notre cause sous le général Duvivier. Par les services qu'il avait rendus, il avait mérité de faire partie des spahis irréguliers que je venais d'organiser. Je me trouvai de ce fait dans une perplexité pénible.

Cependant, comme d'après tous les dires, les soupçons planaient sur lui, je le fis arrêter. Après l'audition des témoins, je réunis le Medjelen, qui eut lieu le 27 janvier et il fut condamné à mort à l'unanimité.

Malgré cette entente de tous les juges, je ne pouvais me résoudre à le faire conduire au supplice. Les preuves ne reposant que sur la déclaration d'un enfant de quatorze ans, selon moi, il y avait doute de culpabilité. J'en écrivis au général Guingret, mais le malheureux Moussa el Aïssaoui avait à Bône des ennemis mortels. Il en était de même parmi les Kabyles du Cercle de Guelma. Aussi, les ordres reçus étant positifs, le 30 janvier, il fut décapité sur le marché. Cette mort m'affecta profondément, car il restait dans mon esprit qu'il avait été sacrifié à la vengeance des Kabyles et à l'animosité des cheiks arabes de la tribu des Bou-Ariz.

Les nombreuses occupations que nécessitaient l'organisation, les débats continuels des Arabes et Kabyles ne m'empêchaient pas de parcourir le pays. Aussitôt que je pouvais disposer d'un moment, je montais à cheval et j'allais me faire voir dans les tribus en m'approchant le plus possible de celles qui étaient insoumises chez lesquelles j'envoyais des émissaires pour les sonder et les engager à se rapprocher de nous. Mais malgré ma grande activité, et tous les moyens de conciliation que j'employais, ce n'était qu'avec beaucoup de peine que je parvenais à amener quelques tribus à la soumission. Encore, ce n'étaient que des fractions qui, les plus rapprochées de Guelma, craignaient une surprise de notre part.

Quant aux grandes tribus des Haractas, des N'Bails, des Ouled D'Hann, des Hanenchas, j'avais bien quelques relations avec elles, mais sans espoir de les amener à se soumettre autrement que par la force. L'Arabe cède peu au raisonnement, ne connaît que la force à laquelle il ne résiste pas.

En 1840, la province de Constantine était très limitée, car à l'exception des alentours de Bône, de Guelma et de Constantine, toutes les tribus qui s'en trouvaient éloignées, non seulement ne reconnaissaient pas notre autorité, mais nous étaient hostiles. Comme à cette époque, on ne voulait pas étendre nos possessions, il en résultait que les tribus soumises étaient exposées aux courses de leurs voisins sans espérance que nous les pussions prendre entièrement sous notre égide. Des plaintes continuelles parvenaient aux chefs français et ils ne pouvaient y répondre que par des promesses qu'ils savaient pertinemment ne pas pouvoir tenir.

Le général de Galbois s'endormait à Constantine dans une sécurité trompeuse. Entouré de cheiks arabes qui le flattaient, d'interprètes qui abusaient de sa confiance, il croyait, sur la foi des rapports qui lui étaient fournis, à la tranquillité parfaite du pays, à la possibilité de voyager sans aventures dans toute l'étendue de son commandement. Des faits précis devaient pourtant lui ouvrir les yeux. Les Haractas (1) faisaient des incursions fréquentes chez les Zenati (2) et les tribus du Cercle de Guelma qui lui étaient limitrophes. Des assassinats furent commis sur des Européens, sur la route de Sidi-Tamtam à Constantine et l'ex-bey Achmet continuait à exciter les pillards. Il fallait contre eux, non une simple démonstration comme les années précédentes, mais une véritable expédition poussée jusqu'à l'extrémité de leur pays.

Le général prit donc le parti de réunir une forte colonne, d'en prendre le commandement et de marcher sur cette tribu nombreuse et riche surtout en bestiaux.

Les troupes désignées qui partaient de Bône et de Guelma devaient se réunir à celles du lieutenant-général de Galbois à Aïn-Babouche, pays des Haractas. La jonction eut lieu le 16 mars.

Le général Guingret prit le commandement des troupes, en particulier de l'infanterie. Il avait sous ses ordres le colonel Josse du 61e de ligne. Le général de Galbois, commandant en chef, marchait avec la cavalerie. Il avait conservé avec lui le colonel Delaneau et je lui fus attaché comme officier d'ordonnance.

Soit qu'il fût peu habitué à de pareilles courses, soit par

____

(1) Haractas, tribu arabe à 60 kilomètres sud-est de Constantine.
(2) Zenati, tribu arabe à l'est de Constantine, entre Constantine et Guelma.

insouciance, l'organisation de cette colonne laissa beaucoup à désirer. En outre, les chefs arabes et particulièrement le caïd Ali eurent sur lui beaucoup trop d'influence. Tout ne se faisait que par leurs conseils; aussi, dès le début, cette expédition manqua-t-elle d'ensemble et de cohésion.

Le 18, les détachements réunis en une seule colonne quittèrent le camp de Aïn-Babouche. Sans s'occuper de l'infanterie, le général de Galbois marcha avec la cavalerie et arriva à Aïn-Beïda deux heures avant elle.

A mesure que les troupes avançaient, les Haractas levaient leurs tentes devant elles et s'enfuyaient. Le 20, pourtant, en arrivant sur les bords de l'oued Meskiana, le général de Galbois, toujours avec la cavalerie et très en avant de son infanterie, se trouva en présence de la tribu des Ouled Saïd poussant ses troupeaux devant elle. Il fit charger les spahis de Constantine et le goum du caïd Ali.

Les Arabes du caïd se jetèrent sur les tentes qui étaient encore debout et se livrèrent au pillage. Les Haractas ne voyant que ces goums se réunirent et se précipitèrent sur les pillards. Les spahis arrivant, chargèrent. Il y eut désordre complet. Arabes, amis et ennemis étaient mêlés; les escadrons de chasseurs prirent les uns à droite, les autres à gauche. Des pelotons s'étant trop avancés eurent à plier devant les Haractas, le capitaine Saint-Hilaire vint de sa personne demander au général d'être soutenu; on entendait des coups de fusil de tous côtés. Chaque peloton agissait pour son compte, mais au milieu de tous ces combats partiels, le général de Galbois ayant aperçu l'escadron de Saint-Hilaire battre en retraite avec assez de précipitation, mit le sabre à la main, traversa la rivière fangeuse de la Meskiana et, suivi seulement du peloton de service et de ses officiers, porta secours à l'escadron compromis. Les Haractas, en le voyant arriver, crurent qu'ils allaient être chargés par une cavalerie nombreuse et se retirèrent pour mettre leurs femmes en sûreté.

Le jour tombait; on sonna le ralliement et les escadrons se réunirent sur la rive droite de l'oued Melek d'où était parti le général.

Jamais peut-être, une troupe ne fut plus mal conduite, plus désordonnée dans ses charges de cavalerie; cependant, il n'y eut jamais en Afrique de prise aussi considérable et une déroute aussi complète parmi les Arabes.

L'infanterie, dont on ne s'était pas occupé, était restée en arrière et par conséquent ne prit aucune part à cette affaire. Elle n'arriva qu'à 10 heures du soir à l'oued Meskiana.

Le dernier coup de feu avait été tiré vers 6 h. 30. On chercha un emplacement pour le camp. Dès qu'il fut trouvé, on passa l'oued Melek qui était encombré de chameaux couchés dans la fange, de tapis, d'ustensiles de ménage, de tentes, de moutons, de chèvres et on arriva à l'endroit choisi pour le campement.

Mais, comme les bagages étaient restés avec l'infanterie, on n'eut les tentes qu'à 10 heures du soir, ce qui fut pour le général de Galbois un contre-temps affreux, car il aimait prodigieusement ses aises.

Le caïd Ali, homme rusé et adroit, vint avec l'interprète Rousseau féliciter le général du résultat de la journée, et dans son exagération orientale, il le compara à Napoléon. A cette comparaison monstre, les assistants ne purent retenir une certaine exclamation.

Le 21, à 4 h. 30 du matin, alors que je sortais de ma tente, le général m'ordonna de monter à cheval et d'aller prévenir le général Guingret, dont le camp était à 4 kilomètres de celui de la cavalerie, de rassembler tous les troupeaux et de les placer dans les carrés de l'infanterie. J'y arrivai non sans peine, étant donnée l'énorme quantité de chameaux et de bétail qu'il me fallut traverser.

Le camp fut immédiatement levé et on allait se mettre en route, quand le cheik Ben-Aïssa et plusieurs grands des Haractas se présentèrent au lieutenant-général pour demander la cessation des hostilités. Il leur fut donné avis de se rendre à Constantine, où cette demande serait examinée.

Cette démonstration n'empêcha d'ailleurs pas les Arabes d'attaquer l'arrière-garde une heure à peine après notre départ.

Le capitaine Marion, du 3ᵉ chasseurs, reçut l'ordre de

charger les Haractas, mais cet officier ne put exécuter qu'en partie l'ordre donné; tous les chevaux étaient harassés. Une ligne de tirailleurs sous le commandement du lieutenant-colonel Paté se déploya et dispersa l'ennemi.

Le lieutenant-colonel Paté fut légèrement blessé.

Le montant de la razzia fut estimé à 70.000 moutons, 500 tentes, 400 tapis, 500 bœufs, 400 à 500 chameaux.

Le 24, à Aïn-Babouche, quand les colonnes se séparèrent pour regagner leurs garnisons respectives, il restait seulement 23.000 moutons, 480 bœufs et 231 chameaux. Le reste avait disparu, les Arabes qui accompagnaient les cheiks ayant fait jeter ou esquiver le reste pendant la nuit du 22.

L'intention du lieutenant-général avait été d'envoyer le général Guingret chez les Ouled D'Hann, pour les punir de leurs pillages et les forcer à soumission. Mais à cette époque, les expéditions de huit à dix jours étaient considérées comme très pénibles. Aussi on renonça à cette course.

L'expédition contre les Haractas eut un grand résultat.

L'arrogance de cette tribu fut pour le moment bien abattue et on put la contraindre à une certaine soumission. Les cheiks devinrent plus traitables, les tribus voisines furent beaucoup moins tourmentées, la route de Guelma à Constantine plus sûre. Des relations plus intimes s'établirent entre les Haractas et l'autorité française; le Cercle de Guelma entre autres y gagna beaucoup.

Le 20 novembre 1840, je fus promu lieutenant-colonel au 18e d'infanterie légère.

Aux termes de mon brevet, j'aurais dû rejoindre mon corps à Metz; mais, le 8 décembre 1840, le maréchal Valée demanda mon maintien à la tête du Cercle de Guelma, ce qui lui fut accordé.

L'année 1840 devait se terminer par une course de neuf jours chez les Beni-Salah. Leur territoire s'étend à l'est du coude de la Seybouse, vers l'endroit où ce torrent s'infléchit brusquement vers l'ouest.

M. le capitaine Saget, du corps de l'État-major, avait

été lâchement assassiné par le nommé Hamed-Ben-Saïd, cheik des Beni-Salah qui lui avait donné l'hospitalité, et le caïd Mahmoud qui l'accompagnait avait été aussi victime du même guet-apens. L'assassinat avait eu lieu le 21 octobre 1840 et ne pouvait rester impuni d'autant plus que les Beni-Salah étaient remuants et très mal disposés envers l'autorité française.

Le général Guingret avait été forcé de suspendre toute sanction, une grande partie des troupes de la subdivision et surtout la cavalerie ayant été dirigées sur Sétif, dont on venait de prendre possession.

Ce ne fut qu'au mois de décembre, après la rentrée des troupes, que le général put réaliser son projet de parcourir tout le pays des Beni-Salah et de s'emparer des coupables, s'il y avait possibilité.

On forma deux colonnes : celle de Guelma, sous les ordres du général Guingret, quitta le camp le 26 décembre; l'autre partit de Drean, avec le commandant de Mirbeck des spahis de Bône, commandant le Cercle de La Calle, sur le territoire duquel le crime avait été commis. Ces deux colonnes agirent parallèlement sur les deux rives de la Seybouse.

L'expédition ne présenta pas d'actions de guerre remarquables. Elle fut surtout rendue pénible par la nature du chemin parcouru, la région étant semée de ravins profonds et exceptionnellement boisée. On échangeait de temps à autre quelques coups de fusil. Le 27, on fit prisonnier Ali-Ben-Djebala, sorte de « marabout » qui non seulement avait été témoin du meurtre du capitaine Saget, mais qui avait excité à le commettre.

On ne put mettre la main sur l'assassin lui-même : Hamed-ben-Saïd, et comme il fallait un exemple, le marabout fut décapité le 30 décembre, en présence des troupes réunies à l'endroit où était tombé le capitaine Saget.

Les Beni-Salah eurent une vingtaine de tués, 1.200 têtes de bétail pris, 50 tentes enlevées, quelques sillos brûlés.

Malgré le peu de résultat obtenu, la présence de nos colonnes produisit un assez bon effet et fit voir aux Arabes que tôt ou tard ils seraient forcés de se soumettre. D'ailleurs cette course dans un pays difficile prouva aux chefs français qu'avec un peu de ténacité, de persévérance, d'intelligence dans la conduite des colonnes, les Arabes ne pourraient résister longtemps.

Pour en finir avec l'année 1840, dans une sorte de bilan rapide où le colonel Herbillon envisage l'état sanitaire d'abord, les améliorations obtenues en regard des peines à vaincre, des obstacles qu'elles rencontrent.

En 1840, les fièvres sévirent à Guelma d'une manière effrayante, le remuement des terres pour les constructions, plantations et défrichements répandaient des miasmes qui devaient influer considérablement sur la santé des hommes. Du mois de juin au 10 septembre, les malades augmentèrent au point que sur une garnison de 700 hommes, 326 étaient à l'hôpital. Des évacuations sur Bône se faisaient sans cesse. Enfin, dans le courant de septembre, l'état sanitaire devint meilleur.

Il faut se reporter à cette époque pour apprécier toutes les difficultés qui surgissaient sans cesse : des officiers mécontents qui ne demandaient qu'à s'éloigner du foyer des fièvres ; des logements qui abritaient à peine ; une correspondance longue, longueur qui provenait de la difficulté des chemins et surtout du passage de la Seybouse dont les débordements réitérés isolaient complètement Guelma. Il faut ajouter à cette énumération les incessantes querelles entre Kabyles et Arabes du Guerfa, le peu d'encouragement donné aux travaux, à l'abnégation de ceux qui se livraient de cœur et de corps aux progrès du Cercle.

CHAPITRE VIII

**Le général Bugeaud est nommé gouverneur de l'Algérie
(1841). — Le poste de Guelma après hésitation est
conservé. — Herbillon est nommé officier de la Légion
d'honneur. — Expédition contre la tribu des Sidi-
Afifi. — Améliorations apportées au Cercle de Guelma.
— Inspection du général Randon. — Herbillon passe
au 41ᵉ puis au 61ᵉ de ligne. — Expédition contre les
Ouled d'Hann (mai 1842). — Il quitte Guelma pour
gagner Philippeville le 15 janvier 1843.**

En 1841, le maréchal Valée qui, depuis la prise de Constantine (1837) était gouverneur de l'Algérie, rentra en
France. C'est le général Bugeaud qui lui succéda. Il prit
le commandement avec la ferme intention de poursuivre
Abd-el-Kader sans relâche, d'abattre son pouvoir et surtout son influence sur les Arabes.

Pour arriver au but que l'on se proposait, il était essentiel de rassembler le plus de troupes possible afin de présenter aux réguliers et irréguliers de l'entreprenant Émir
une force imposante. Le général Bugeaud avant d'entrer
en lice, voulut connaître par lui-même l'état des provinces.
Il arriva à Guelma le 10 mars 1841, où le général de Négrier était venu à sa rencontre.

Le général Bugeaud avait manifesté son intention bien
arrêtée d'abandonner tous les postes qui jalonnaient la
route de Bône à Constantine : Hammam-Barda, M'Djez-
Amar, Sidi-Tamtam et même Guelma. Je résolus de plaider
chaleureusement la cause de ce dernier auprès du général
de Négrier.

Le pays était déjà soumis, les Kabyles et les Arabes
payaient leurs contributions ; tous se rendaient avec em-

pressement chez le commandant du Cercle dans lequel ils avaient la plus grande confiance. On pouvait être certain que cette soumission s'étendrait. D'ailleurs Guelma était situé de manière à servir de base d'opérations, soit qu'on allât chez les Haractas, les Ouled D'Hann ou les Hanenchas, dont les tribus nombreuses et riches étaient encore hostiles à l'autorité française.

Il était évident que l'abandon de Guelma ferait perdre entièrement les résultats déjà obtenus et reculerait pour bien des années la possession du vaste territoire dont Guelma était la clef et presque le centre. Les relations déjà établies cessant entièrement, les indigènes entraînés par leurs voisins redeviendraient hostiles et de fréquentes expéditions deviendraient nécessaires pour les contraindre à l'obéissance.

Je réussis à faire partager mon ardente conviction au général de Négrier qui intervint avec force auprès du général Bugeaud; celui-ci était trop homme de savoir et de bon sens pour ne pas saisir quel devait être l'avenir de Guelma. Il donna l'ordre que cette ancienne cité romaine continuerait à être occupée et à être le siège du commandement du Cercle.

Il supprima seulement M'Djez-Amar, Sidi-Tamtam et Dréan.

Le coup qui faillit abattre Guelma dans son développement une fois conjuré, tout fut mis en œuvre pour faire de ce point privilégié un centre d'attractions pour les colons. On y procéda à des aménagements nouveaux, à l'assainissement définitif et Guelma devint une grande et belle ville.

Par ordonnance du 25 avril, le Roi me nomma officier de la Légion d'honneur.

Au mois de juin, il fallut organiser une nouvelle expédition.

La suppression de quelques postes militaires, les bruits divers qui couraient sur les hostilités prochaines avec Abd-el-Kader jetaient au milieu des peuples arabes l'inquiétude et surtout leur donnaient l'espérance de secouer le joug de notre autorité. Quelques tribus du Cercle de Guelma commencèrent à se montrer récalcitrantes, entre autres celle de Si-Afifi...

Les Arabes de cette petite tribu étaient en partie Marabtistes et profitaient de leur réputation religieuse pour recevoir les malveillants; ils s'étaient faits recéleurs de tous les vols commis dans le Cercle, presque certains de voir leurs méfaits rester impunis et ne craignant pas de pousser à la révolte les tribus soumises.

Leur exemple pouvant être pernicieux, je crus qu'il était temps de châtier sévèrement cette tribu qui, placée au milieu des rochers et des ravins, se croyait à l'abri de nos coups.

Dans la nuit du 13 au 14 juin, je partis avec mon détachement de 240 hommes du 3ᵉ léger, l'escadron turc des spahis et les cinquante spahis auxiliaires, tous Kabyles. Parfaitement guidé, je tombai sur les trois douars qui composaient la tribu et qui furent enlevés en un instant. Les Arabes se sauvèrent dans le bois voisin, laissant sur le terrain 25 cadavres. Nous ne pûmes ramener à Guelma que 40 bœufs, 10 chevaux et 30 moutons. Notre perte fut de 1 tué et 2 blessés.

En juillet, Guelma s'améliorait de jour en jour.

Des plantations eurent lieu, les constructions continuèrent; quelques colons ouvriers vinrent s'y établir et comme la sécurité aux alentours se consolidait, les voyageurs européens devenaient plus nombreux, les Arabes se rapprochèrent pour cultiver. Les crimes devinrent plus rares, les vols moins hardis. La culture étant plus répandue, le bien-être s'ensuivit chez les indigènes; les marchés enfin étant plus fréquents, l'Administration trouva plus facilement à acheter des bestiaux.

Bref, c'était le commencement d'une ère de prospérité et le long rapport qu'Herbillon adresse à ce moment au général commandant la subdivision de Bône en expose clairement tous les points essentiels. La sagesse de son administration l'engage à ce moment dans la voie de la politique de conciliation. Il se rend compte que l'époque n'est plus favorable aux grandes expéditions, pendant tout le temps du moins que l'attention générale est fixée sur ce qui se passe vers l'ouest, entre Bugeaud et Abd-el-Kader. Il remplace l'action directe par la bienveillance de ses insinuations tendancieuses, par l'impartialité pleine de tact de sa justice, par l'appât du gain susceptible aussi d'attirer l'indigène. Aussi les résultats effectifs sont immenses. Les Kabyles du Djebel-Ataïa, plusieurs fractions des Hanenchas se soumettent successivement. Herbillon règle lui-même sur place les différends existant entre les Ben-Aziz et les Beni-Kaidr d'une part (les uns dépendant du Cercle de Bône, les autres de celui de Guelma); entre les Beni-Salah et les N'Bail du Nador d'autre part. Il s'impose de leur fixer en personne des limites naturelles à leurs territoires. Deux tribus kabyles du Cercle, les Beni-bou-Hassen et les Beni-Foucasi, reçoivent chacune un caïd accrédité par le Gouvernement français et cela suffit à rétablir l'accord.

Tout cela fut grandement facilité par l'appui que le général Randon m'apporta. Il venait d'être nommé maréchal de camp et arrivait d'Oran où il était à la tête du 2ᵉ chasseurs.

A peine eut-il pris possession de son commandement que, le 22 octobre, cet officier général vint à Guelma, accompagné de M. le lieutenant-général d'Hautpoul, envoyé en Afrique comme inspecteur général. J'allai au devant d'eux; ils me firent des compliments flatteurs en me voyant entouré de chefs arabes et kabyles qui avaient pour moi respect et grande soumission. Le général Randon qui quittait une province où la majorité des chefs arabes étaient restés insoumis et même insolents, ne revenait pas de l'ascendant que j'avais acquis sur tous les indigènes de mon Cercle. Après avoir quitté Guelma et les environs, il me quitta le lendemain 23, pour retourner à Bône.

Dans le mois de décembre, les membres de la Commission scientifique me furent adressés, ils restèrent à Guelma environ un mois et, malgré la saison, se livrèrent à leurs études et recherches. Ils parcoururent les alentours, allèrent visiter principalement Hammam Meskoutin et les mines d'Anoussa. Le capitaine d'artillerie Delamarre, chargé de la partie du dessin s'y livra avec une ardeur et un zèle admirables. Ni pluie, ni froid, ni neige ne l'arrêtèrent.

En date du 31 décembre 1841, le lieutenant-colonel Herbillon passe au 41e de ligne, en remplacement de M. Armand, lieutenant-colonel, qui permute avec lui. Il n'en continue pas moins à commander le Cercle de Guelma. L'origine de cette permutation paraît être sensiblement la même que celle qui a amené son passage au 62e, ainsi qu'il ressort de la correspondance suivante :

Constantine, le 1er janvier 1842.

Du Général Négrier au Général Randon, à Bône.

Général,

Par une lettre du 28 décembre, vous m'exprimez le désir que M. le lieutenant-colonel Herbillon ne rentre pas en France avec le 62e auquel il appartient, attendu les services qu'il rend dans le commandement du Cercle de Guelma. Je m'empresse de vous informer qu'une demande a déjà été faite en conséquence au ministre par M. le gouverneur général et qu'il y a tout lieu d'espérer qu'elle sera favorablement accueillie. Je ne doute pas que M. Herbillon ne soit conservé dans le commandement qu'il exerce d'une manière si satisfaisante.

Recevez, mon Général, l'assurance de ma considération la plus distinguée.

Signé : NÉGRIER.

Bône, le 6 janvier 1842.

*Du Général Randon au Lieutenant-Colonel Herbillon,
à Guelma.*

Colonel,

Je vous adresse copie de la lettre que je viens de recevoir de M. le général de Négrier. Je le fais avec d'autant plus de plaisir qu'elle me donne l'espérance à laquelle je tiens essentiellement pour le bien du pays et la continuation de la prospérité de Guelma.

Recevez, mon Colonel, l'expression de ma considération la plus distinguée.

Le Général commandant la subdivision de Bône,

RANDON.

Au point de vue géographique et historique, il n'est pas sans intérêt de suivre l'évolution progressive du développement de Guelma, car comme le dit Herbillon à un point de vue particulier, en parlant des Européens qui plus tard se sont installés dans ces régions prospères :

L'oubli serait la destinée de tout si quelques acteurs ne prenaient pas note des événements auxquels ils ont assisté et ne les reproduisaient pas.

Les colons aujourd'hui indifférents, ne s'informent même pas de la manière dont le pays a été occupé, car peu leur importe quels sont les généraux, les régiments, les braves officiers et soldats qui les ont rendus propriétaires de la maison qu'ils habitent, du champ et du jardin qu'ils cultivent. Que leur a fait à eux, le sang qui a été répandu, que peut leur servir la connaissance des colonnes qui ont foulé le territoire que leurs charrues sillonnent?

Quelques détails compléteront les notions déjà acquises sur l'impulsion irrésistible imprimée à la création définitive d'un véritable centre d'activité colonisatrice : Guelma.

Des ordres furent donnés (par le général Randon) pour donner des terrains aux troupes composant la garnison de Guelma pour la culture de la pomme de terre et pour l'agrandissement des jardins; des mûriers furent envoyés et de nombreuses plantations commencèrent.

Les colons qui jusqu'à ce moment n'avaient été que des débitants furent forcés de cultiver des jardins en attendant que des terrains leur fussent concédés pour le labour. Des reconnaissances furent faites le long de l'Oued Skroun, pour s'assurer s'il n'y aurait pas possibilité d'établir un moulin, chose de la plus grande nécessité, car le blé provenant de l'Achour était envoyé à Bône pour revenir en farine, ce qui occasionnait de fortes dépenses de transport.

La prairie qui était située près de Guelma ne donnait pas autant de foin qu'elle pouvait en fournir; la grande quantité de pierres qui y étaient répandues, non seulement la rendait en partie stérile, mais nuisait encore à la fenaison; des hommes de corvée y furent employés, elle fut nettoyée et par suite devint plus productive.

Enfin, le Gouvernement comprenant l'importance de ce point avait pris définitivement le parti d'y faire construire des établissements. Un hôpital fut commencé, un nouveau village fut tracé et quelques concessions furent données, mais avec la plus grande prudence, pour ne pas blesser les indigènes dans leurs intérêts.

Une seule note discordante dans l'ensemble, dans l'accord qui paraît vouloir s'établir :

La tribu des Ouled d'Hann était restée récalcitrante et hostile. C'étaient journellement des plaintes qui me parvenaient sur des attaques imprévues, sur des vols à main armée. Il était devenu impossible d'endurer les déprédations commises par cette tribu de montagnards. Aussi,

M. le général Randon décida-t-il que le moment était arrivé d'aller avec une colonne sur leur territoire pour les châtier. C'était d'autant plus nécessaire que par surcroît les Ouled d'Hann donnaient asile aux déserteurs de la Légion étrangère dont un bataillon tenait garnison à Guelma.

M. le général Randon arriva à Guelma le 9 mai 1842. Sa colonne était forte de 4.800 hommes (infanterie, cavalerie, artillerie, tout compris).

Il n'y a guère à retenir du récit complet de la course que les événements qui marquèrent les journées du 11 et du 14 mai.

Le 11, à 4 heures du matin, le camp fut levé. Des dispositions bien entendues furent prises pour le passage du défilé d'Akbett-El-Trabb qui s'effectua sans difficultés. Malheureusement, aucun ordre d'ensemble n'ayant été donné, les troupes, au lieu de s'arrêter après le passage et de prendre position, agirent chacune pour leur compte. Le bataillon de zouaves se porta en avant sans direction assuré; la Légion étrangère et les bataillons de tirailleurs indigènes se dirigèrent à droite et à gauche à l'aventure. Le sous-lieutenant Gay des spahis irréguliers de Guelma, qui n'avait reçu que l'ordre de flanquer la colonne, se précipita sur un groupe d'Arabes sans prévoyance aucune, sans être suivi de ses spahis. Il tomba dans une embuscade où il fut tué, dépouillé et son cadavre allait être mutilé lorsque l'on arriva pour le retirer des mains des Arabes.

Les Ouled d'Hann, s'apercevant du peu d'ensemble de l'attaque, se réunirent... L'artillerie lança quelques obus sans résultat. Le général voyant enfin que chacun agissait sans ordre et qu'une fusillade sans but consommait inutilement les cartouches, réunit les différentes troupes de la colonne et se dirigea sur Aïn-Sounda où l'on devait camper.

Le 14, de grand matin, une reconnaissance fut poussée par les zouaves et par deux escadrons de spahis...

Les zouaves qui s'étaient portés en avant sans être guidés, ayant aperçu dans un ravin un douar composé d'une vingtaine de tentes, se précipitèrent pour l'enlever. Les Ouled d'Hann abandonnèrent leur campement, mais ayant remarqué que les zouaves n'étaient point nombreux, ils revinrent en foule, les attaquèrent vigoureusement de tous côtés; les zouaves se voyant presque entourés n'eurent d'autre ressource que de se réfugier sur la cime du Djebel Zouara où ils se défendirent à outrance. Il ne leur restait presque plus de cartouches et ils se trouvaient dans une position fort critique quand le général Randon les dégagea au moment où ils allaient payer bien cher leur témérité. Les zouaves étaient au nombre de 250, sous les ordres du commandant Frémy. Ils se conduisirent admirablement, eurent 12 hommes tués dont il purent enlever les corps, 35 blessés, deux mulets chargés de cacolets tombèrent dans des ravins profonds; 4 officiers furent aussi blessés.

Cette reconnaissance malencontreuse détermina le général Randon à abandonner l'idée de pousser de l'avant et le 15, à 6 heures, la colonne rentrait à Guelma.

Cette course chez les Ouled d'Hann fit un très mauvais effet. Cette retraite pour une reconnaissance manquée enhardit les Arabes et retarda la soumission de plusieurs tribus.

Le général Randon se rendant compte de cette impression, m'envoya auprès du général de Négrier pour lui demander d'agir de concert avec lui, mais le Commandant de la province, en ce moment occupé autre part à Tebessa, à Moeris, ne put participer à la reprise des hostilités. On abandonna définitivement les opérations contre les Ouled d'Hann.

Une proposition pour colonel fut appuyée par une lettre du 10 août 1842 de Bugeaud au ministre, où cette nomination est demandée à cause de :

« L'influence salutaire qu'Herbillon a su prendre et exercer sur les Arabes. »

Bugeaud a même ajouté de sa main la note suivante :

« C'est un officier qu'il faut maintenir en Afrique, parce qu'il a fait tout ce qu'il faut pour exercer un commandement sur les Arabes. »

Promu au grade de colonel, le 12 octobre 1842, j'adressai au général de Négrier une lettre de remerciements à laquelle il me répondit en ces termes :

Constantine, le 16 novembre 1842.

Colonel,

Je suis sensible aux remerciements que vous m'adressez par votre lettre du 12 de ce mois. Vous pouvez compter que j'ai vu avec le plus grand plaisir votre avancement et je ne puis que m'estimer heureux d'y avoir contribué. Mais je vous félicite surtout d'y avoir en vous-même la plus grosse part par la manière dont vous avez rempli la tâche qui vous a été confiée.

Recevez, Colonel, l'assurance de ma considération très distinguée.

Le Lieutenant-général commandant la province,

NÉGRIER.

Je quittai Guelma le 15 janvier 1843, pour gagner Philippeville, ma nouvelle résidence. En abandonnant mes fonctions de commandant du Cercle, je puis dire que j'ai laissé Guelma dans une parfaite sécurité, entièrement organisé et promettant pour l'avenir une des ressources principales de la province de Constantine. Je fus remplacé par M. le chef d'escadron Tourville, qui arriva le 11 janvier et à qui je remis le commandement.

En décembre 1842, le général de Négrier était remplacé à Constantine par le général Baraguay d'Hilliers, en même temps que le général Randon quittait momentanément Bône.

CHAPITRE IX

**Expédition contre les Zerdezas, et dans l'Edough (février
1843). — Expédition dans les montagnes de Collo (avril
1843). — Expédition contre les Hanenchas (mai et
juillet 1843). — Le duc d'Aumale prend le commandement de la province de Constantine (décembre 1843).
— Herbillon est envoyé à Batna.**

---

*Les nouvelles fonctions assignées au colonel Herbillon ne
l'arrachent pas à sa vie d'action ; bien au contraire, et pendant qu'il commande le 61e à Philippeville, il va participer
à une nouvelle série d'expéditions. L'année 1843, pour sa
seule part, en comporte quatre qui s'échelonnent de février à
juillet. Celle des Zerdezas, celle de l'Edough, de Collo et
celle des Hanenchas. Pour les trois premières, le général Baraguay d'Hilliers avait le commandement suprême des troupes ; pour la dernière, Herbillon commandait en chef la colonne expéditionnaire. Passons-les en revue, puisqu'elles cons-
tituent les événements saillants de sa vie militaire durant
cette année.*

Les Zerdezas, d'abord, placés entre Philippeville, Bône
et Guelma, interceptaient toute communication entre ces
points importants. Bien armés, ils organisaient des incursions chez leurs voisins pour y faire des razzias. Très
inquiets de voir les Français établis sur la limite de leur
territoire, mais enhardis par leur impunité, ils répandaient
la terreur chez les tribus soumises.

Depuis la prise de Constantine, on essayait de la conciliation vis-à-vis des Zerdezas, sans obtenir d'autre résultat,
d'ailleurs, que de les rendre plus insolents de jour en jour.

Le général Baraguay d'Hilliers, se rendant compte de l'importance de leur soumission, prit toutes ses dispositions pour entrer chez eux en février 1843. Deux colonnes furent formées : l'une, composée de trois bataillons du 61ᵉ, descendait de Philippeville avec le colonel Barthélémy, commandant le Cercle de Philippeville comme chef de ce détachement (dont je faisais naturellement partie), l'autre partait de Constantine sous les ordres du général lui-même. Le départ eut lieu le 13, les deux fractions coordonnant leurs mouvements pour parcourir le plus rapidement possible le territoire des Zerdezas.

Le 14, nous passions le défilé du Safouas, et le 1ᵉʳ bataillon commandé par le capitaine Désombiers, explora les ravins de Bou-Médine, en chassa les Arabes et leur enleva 400 têtes de bétail.

Le 16, du camp d'Aïn-Sousse, le commandant de Montagnac fut envoyé en reconnaissance; il se mit à la poursuite d'un troupeau considérable qu'il ne put atteindre que dans le pays des Ouled-Meniah. Les spahis de Philippeville sous les ordres du capitaine Ambert s'étaient beaucoup trop avancés, ils furent en un instant entourés d'une grande quantité d'Arabes et ne durent leur salut qu'au commandant de Montagnac qui, ayant fait prendre le pas de course à sa troupe, arriva de sa personne avec quelques voltigeurs à l'endroit où les Arabes et les spahis étaient aux prises. Il dégagea ces derniers, s'empara d'un troupeau d'environ 1.500 têtes de bétail qu'il conduisit au camp du général Baraguay d'Hilliers qui était proche.

Nous rentrions le 25 à Philippeville, après avoir parcouru tout le pays.

La tribu rebelle se rendit à discrétion, fit sa soumission, acquitta les amendes qui lui avaient été imposées et reçut des mains du général, un caïd pris dans la famille qui, de tout temps, l'avait gouvernée...

Cette expédition, qui dura dix jours, produisit un effet merveilleux sur toutes les tribus insoumises et prépara celle de l'Edough, qui eut lieu immédiatement après et qui ne fut que la suite de celle des Zerdezas, ces deux pays étant limitrophes.

(L'Edough s'étend en bordure de la mer à l'ouest de Bône.)

Les tribus de cette région formaient un repaire de tous les brigands, les voleurs qui fuyaient l'autorité et les châtiments des Français. Elles servaient aussi de refuge aux mécontents, inquiétaient les alentours de Bône. Il était d'autant plus urgent de les soumettre qu'un fâcheux marabout, Sidi Zerdoud, d'un fanatisme outré, y avait établi domicile.

Ce prétendu saint homme avait prêché la guerre sainte et avait soulevé contre les Français les populations nombreuses de la plaine du Safsaf, des Zerdezas et du Djebel Edough. Traînant à sa suite toutes ces hordes désordonnées, il avait porté l'audace jusqu'à vouloir s'emparer du camp de El Arouch (au sud de Philippeville), où était le 22e de ligne. Repoussé avec perte, il avait continué ses prédications et il n'attendait que le moment opportun pour frapper l'imagination de ses coreligionnaires par un coup hardi.

Sidi Zerdoud était un de ces hommes dangereux qui, ne désespérant jamais, savent se plier aux circonstances. Il connaissait trop la haine que les indigènes portent aux chrétiens pour ne pas compter sur leurs passions. Il nourrissait encore l'espoir de nous susciter de nouveaux ennemis et de nous créer de grands embarras.

Telle était la situation pressante qui détermina le général Baraguay d'Hilliers à agir de la même façon dans l'Edough que chez les Zerdezas. Il dirigea la première colonne, le colonel Barthelémy la seconde avec la 61e, que je commandais.

La conduite de ce bon régiment fut admirable; c'est à lui que l'on dut la prise du fameux marabout dont on voulait la tête.

Le départ eut lieu le 25 février 1845. Le 2 mars, deux bataillons du 61e tentèrent de cerner le Cap de Fer où le marabout était censé s'être réfugié. L'opération ne donnant pas de résultat, fut reprise le lendemain par le commandant de Montagnac et la tête de Sidi Zerdoud fut rapportée au général Baraguay d'Hilliers.

Cette prise importante termina l'expédition. Le 4 mars la colonne se mit en route pour gagner ses quartiers. Le retour fut pénible. Des pluies torrentielles gonflaient les torrents, alourdissaient les sacs. Le 7 au soir seulement, le 61ᵉ rentrait à Philippeville.

De cette époque, ce pays resta soumis. On put exploiter la forêt de l'Edough. On fit un chemin de Bône au sommet de cette montagne et jamais depuis il ne fut nécessaire d'y envoyer des troupes.

Les bataillons rentrés à Bône, Constantine et Philippeville se préparèrent à se mettre en route pour l'expédition des montagnes de Collo, qui eut lieu au mois d'avril de la même année.

La route de Constantine à Philippeville, protégée insuffisamment par les camps d'El Arouch et de Smendou et par la responsabilité imposée aux tribus des crimes commis sur leurs territoires, n'offrait pas une sécurité absolue pour les voyageurs. Les coupables se réfugiaient dans les montagnes, chez les Kabyles de Collo qui, par leur position, avaient toute facilité pour inquiéter la route et mettre leur butin à l'abri de toute atteinte. Le même ordre de combat que précédemment fut adopté. Le colonel Barthélémy prit le commandement de la colonne formée du 61ᵉ de ligne, de deux escadrons de spahis et de deux pièces de montagne.

C'était la première fois que nos armes allaient être portées dans ce pays inconnu. Aussi, on s'attendait à une vive résistance et le 61ᵉ de ligne agissant en colonne séparée, était enchanté de la mission qui lui était confiée. Sa conduite prouva que le général ne s'était pas trompé dans la confiance qu'il avait mise dans ce régiment.

La colonne Barthélémy quitte Philippeville le 7 avril 1843. Dès le premier jour, les commandants de Montagnac et d'Exea se firent remarquer en enlevant à la tête de leurs bataillons les défilés qui donnent accès sur le territoire de Collo, défendu par les indigènes. Le soir même, les Kabyles dirigèrent une attaque de nuit sur le camp et c'est encore le bataillon d'Exea qui fut chargé de la repousser.

M. le commandant d'Exea donna en cette circonstance preuve de grand sang-froid et de courage.

Du 8 au 26 avril, la colonne parcourut la région et rayonna dans tous les sens. Le 27, je fus envoyé avec le 1er bataillon pour pousser une pointe dans le pays d'Arb-el-Arch. Je n'avais avec moi que 320 hommes et nous eûmes affaire à des contingents nombreux qui nous harcelèrent vigoureusement. Faute de cartouches, on dut se replier avec 3 hommes tués et 17 blessés.

Il fallait en toute hâte quitter ce pays difficile (ravins profonds, escarpés et excessivement boisés) et cela d'autant plus vite que les cartouches étaient épuisées... Les blessés furent pansés, les morts enlevés. On ne laissa absolument rien entre les mains des Kabyles et nous rentrâmes au camp à 6 heures du soir, rapportant comme trophées des fusils, des yatagans... Officiers et soldats se conduisirent bien, et le manque de munitions ne les empêcha pas de battre en retraite avec le plus grand calme et sans précipitation.

Le 29, nouvel exploit du commandant de Montagnac, dans une reconnaissance vaillamment conduite. Du 30 avril au 15 mai, quelques coups de fusil seulement furent échangés avec les Kabyles qui firent soumission et payèrent les amendes imposées.

A peine les troupes ont-elles regagné leurs cantonnements que le général Baraguay d'Hilliers prépare une nouvelle campagne. Dès qu'il présume que ses hommes se sont reposés de leurs fatigues, il donne l'ordre d'envahir le pays des Hanenchas. Nous avons vu précédemment la rivalité ancienne entre Resky et Asnouï qui se disputaient tous deux l'autorité sur ces importantes tribus. Nous savons qu'à la suite d'une fausse démarche du général Guingret, Asnouï rompit les négociations un instant engagées pour sa soumission éventuelle. Cela se passait en 1839.

Depuis ce temps, le caïd avait vécu indépendant et pour conserver son prestige, il avait organisé un goum nombreux, bien monté, avec lequel il en imposait aux tribus environnantes. Ce goum était la terreur des pays soumis à notre autorité.

Trois colonnes furent formées : la première à Constantine, sous les ordres du général Baraguay; la seconde à Bône, avec le colonel Senhiles; la dernière à Philippeville, sous mon commandement.

Cette colonne était composée de six compagnies d'élite du 61e, le bataillon du 31e, le bataillon des chasseurs à pied d'Afrique, 2 pièces de montagne, 150 chevaux pris dans l'escadron de Guelma, le détachement des spahis de Bône, un détachement des spahis de La Calle; en tout 1914 hommes.

Le départ eut lieu le 20 mai, de Philippeville. Le 23, la colonne passe à Guelma. Dans la nuit du 24 au 25, les Arabes font contre le camp établi à Oued Maïlha une démonstration hostile. Le 25, la journée fut marquée par une attaque des indigènes.

Arrivés à la hauteur du Djebel Nouidir, nous aperçûmes une grande quantité d'Arabes réunis sur les pentes boisées de cette montagne et manifestant l'intention d'arrêter notre marche; je fis faire halte à la colonne.

Le 3e bataillon d'Afrique reçut l'ordre de mettre les sacs à terre et de gravir au pas de course la montagne qu'occupaient les Arabes. Ce mouvement se fit avec rapidité et les Arabes furent débusqués de toutes leurs positions. Pendant que cette attaque s'exécutait, les spahis de Guelma se portèrent sur la route de Fedj-Mortha, afin de couper la retraite à l'ennemi. Le 61e, avec tout le convoi, suivit la même direction, le 31e formait l'arrière-garde. Les Arabes se retiraient au fur et à mesure que nous avancions. Sur le plateau de Oued Cham, ils se trouvèrent réunis en grande quantité. Le commandant de Montagnac reçut l'ordre de laisser le convoi sous la garde du 31e, de passer avec son bataillon d'élite le Fedjj Maïktell et une fois arrivé près de

Hadjara, de faire poser les sacs à terre et d'attaquer vigoureusement ces groupes.

Vigoureux officier et d'une grande intelligence, il se mit à la tête de son bataillon, se porta au pas de course contre les goums qui prirent immédiatement la fuite. Le commandant les poursuivit et ce fut en ce moment qu'ayant eu à lutter contre un Arabe et se penchant sur son cheval, son pied glissa de l'étrier. Entraîné par le poids du corps, il tomba de cheval et se cassa le poignet droit.

L'escadron des spahis de Guelma étant arrivé, se mit à la poursuite des Arabes qui se sauvèrent du côté de Oued Riven.

Le capitaine Vacheron du 31e s'étant trop avancé, les cavaliers d'El-Asnouf que celui-ci conduisait lui-même parurent vouloir reprendre l'offensive; alors je me portai rapidement à leur rencontre avec 2 compagnies d'élite et une pièce de montagne, ce qui les arrêta et les obligea à se retirer précipitamment.

Le 26 mai, la marche en avant se poursuit, une reconnaissance est poussée chez les Ouled Ahouïr. Il y eut un combat au ravin de Grebji; le 3e bataillon d'Afrique aidé du 31e, délogea vigoureusement les Arabes.

Le 27, je me mis en route à 5 heures du matin pour repousser les Ouled Ghuir jusque dans leurs derniers retranchements, mais à peine étais-je sorti du camp que les grands de la tribu vinrent à ma rencontre et firent leur soumission.

Je changeai alors de direction et je me portai chez les Méchallas. Tous les ravins furent fouillés et il s'ensuivit une prise assez importante.

Le 29, le lieutenant-colonel de Mac-Mahon amena un convoi au camp.

Le 30, je pris avec moi le 3e bataillon d'Afrique et le bataillon d'élite du 31e et je me rendis chez les Emmahias qui mettaient une extrême mauvaise volonté à payer l'impôt. Nous leur prîmes 597 bœufs, 1.400 moutons et 63 chevaux et mulets. La chaleur devenait torride et cette journée fut très pénible.

Le 1er juin, la colonne de Philippeville rencontra la colonne de Constantine. A plusieurs reprises d'ailleurs il y eut rencontre entre les trois détachements.

Le 6, je me mis en route en emmenant avec moi tous les otages fournis par les tribus, précaution prise pour assurer le paiement et la tranquillité du pays. Arrivé près de la plaine d'Adjarah, à un passage de défilé très étroit, profitant de la difficulté du chemin, à un signal donné par l'un d'eux, les otages essayèrent de se sauver. La garde fit feu sur eux. Deux d'entre eux furent tués. Un se sauva et le plus coupable, celui qui avait fomenté la fuite, fut fusillé sur place.

Les journées suivantes amenèrent la pacification des territoires traversés. El Asnaouï et ses partisans ont fui jusqu'au delà de la frontière de Tunis, prêt à revenir quand les Français auront quitté leur pays. La mesure prise par le général Baraguay d'Hilliers et signalée par la lettre suivante va heureusement mettre leurs projets à néant :

Djebel Guehl, 20 juin 1843.

Au Gouverneur général de l'Algérie.

A la suite des opérations dont je vous ai rendu compte dans mon rapport du 9, il ne nous restait plus rien à soumettre des tribus qui, dans l'Est, obéissaient à El Asnaouï. Il fallait seulement forcer à revenir celles qui, à sa suite, avaient émigré sur le territoire tunisien. Pour y parvenir, j'ai renforcé Herbillon d'un escadron de spahis et lui ai dit d'établir son camp au milieu des champs de ces tribus révoltées et de faire couper leurs grains par les tribus soumises si elles se refusaient plus longtemps à reconnaître notre autorité.

Le résultat ne se fait pas attendre puisqu'à la même date, Herbillon écrit :

Les douars des Hanenchas qui s'étaient sauvés sur le

territoire de Tunis commencèrent à rentrer; le 23, je recevais la visite des grands des Hanenchas et le 27, El Asnaoui est abandonné définitivement; les peuplades sont frappées d'une amende de 15.000 francs. La mainmise est complétée par la nomination, le 30 juin, du cheik Mohamed-ben-Salah, investi par le général Baraguay.

Le 19 juillet, le lieutenant-colonel de Mac-Mahon arrive à 1 heure de l'après-midi à Souk-Arahas, pour me remplacer avec une nouvelle colonne, et après m'être occupé de la constitution de nouveaux goums, le 24, je reprenais le chemin de Philippeville, où j'arrivais le 29.

L'expédition avait duré du 20 mai au 29 juillet.

Le pays des Hanenchas fut parcouru en tous sens. Les nombreuses tribus qui occupent ce vaste pays furent visitées. Toutes vinrent faire leur soumission; des contributions furent frappées et payées. Les Hanenchas qui avaient abandonné leur pays pour suivre El Asnaoui vinrent se soumettre à Mohamed-ben-Salah, leur nouveau caïd. Je laissai donc au lieutenant-colonel de Mac-Mahon un pays organisé et soumis.

Le maréchal de camp d'Hilliers, nommé lieutenant-général le 6 août 1843, cède sa place à la tête de la province de Constantine au prince Henri d'Orléans, duc d'Aumale, qui prend le commandement en décembre 1843; Bugeaud, gouverneur général, a été fait maréchal de France le 31 juillet de la même année.

Le duc d'Aumale devait voir son attention captée de suite par la longue série de succès remportés par le colonel Herbillon au cours des années de campagne d'Afrique qu'il compte déjà à son actif. Aussi, le 10 juin, alors qu'il a besoin pour une mission de confiance d'un officier, il songe à lui et lui écrit :

Constantine, le 10 juin 1844.

Mon cher Colonel,

Afin de recueillir le fruit de mes dernières expéditions et de parer à toutes les éventualités, je me suis décidé à

faire occuper, pendant quelque temps et jusqu'à nouvel
ordre de M. le gouverneur général, par des forces qui puis-
sent devenir agissantes, le point important de Batna.
Comme les quatre grands caïds formés dans le Belezma
relèvent provisoirement de ce commandement et qu'il a
besoin d'être exercé avec suite et avec une certaine entente
du pays et des affaires, je me suis décidé à vous le confier.
C'est peut-être en ce moment le poste le plus important
de la province et je ne doute pas que vous n'y répondiez
à ce que j'attends de vous. Faites donc vos dispositions
pour vous y rendre et remettez au lieutenant-colonel Can-
neau le commandement de votre régiment.

Je compte vous voir arriver à Constantine avant le
20 courant.

Agréez, mon cher Colonel, l'assurance de ma considération très distinguée.

Signé : Le Lieutenant-général H. D'ORLÉANS.

*Au reçu de cette lettre, Herbillon remet son régiment au
lieutenant-colonel et quitte Philippeville le 16.*

J'arrivai à Constantine le 17, à 3 heures de l'après-midi.
Le 18, je déjeunai avec Son Altesse Royale, qui me donna
ses instructions. Je quittai Constantine le mercredi 19 juin
et le 20 au soir, j'étais à Batna.

*Après Guelma, Batna. Les remarquables dispositions mon-
trées par le colonel Herbillon dans la direction active des
affaires arabes, dans l'impulsion donnée au développement
rapide du Cercle dont il a conservé quatre ans le commandement, il va de nouveau les appliquer avec persévérance au
nouveau centre d'action qui lui est offert. Sa reconnaissance
va à celui qui lui fournit une nouvelle occasion de se distinguer et d'utiliser sa rare intelligence du caractère et de la politique arabes. Aussi sa mémoire lui dicte-t-elle, en 1853, cet
éloge du prince d'Orléans :*

Je me rappelle avec orgueil mon séjour en Afrique où,

dans des moments difficiles, je fus choisis et employé par des officiers généraux de réputation et entre autres par le prince duc d'Aumale, jeune homme d'une grande capacité, d'une grande facilité de travail et qui apportait dans le commandement intelligence et discernement. Aussi suis-je fier d'avoir été digne de sa confiance.

Le Moniteur du 17 août 1844 associe dans un même hommage le Prince et ses collaborateurs et l'extrait suivant qui concerne Herbillon, visiblement inspiré par le Gouvernement, prouve que la confiance du duc d'Aumale était partagée par ceux qui étaient alors au pouvoir. Après l'énumération des actes du nouveau commandant de la province de Constantine, nous lisons :

De tels faits parlent assez haut pour faire comprendre tout ce que la France doit au jeune général à qui cette grande mission était confiée, ainsi qu'aux hommes dont il a mis en œuvre l'infatigable dévouement. Au premier rang sans doute, il est juste de placer le colonel Herbillon, à qui une grande connaissance du pays, une volonté énergique de se consacrer tout entier à l'Algérie, a donné les moyens de rendre de très grands services dont les rapports du Prince sont la preuve la plus honorable et la plus positive.

Le colonel Herbillon prend donc possession du commandement de Batna.

Ce fut le 21 juin qu'on quitta l'ancien camp qui n'était que provisoire, pour aller s'établir sur l'emplacement désigné pour l'établissement définitif du camp.

Le 22, les bataillons du 31e et du 2e de ligne et, quelques jours après, un bataillon de mon régiment (61e) me fut envoyé.

Le camp fut divisé en quatre carrés : l'un pour le commandant en chef et l'administration, un pour la cavalerie, un pour l'infanterie ; le dernier pour le génie et l'artillerie. Les tentes furent immédiatement dressées. Je parcourus tous les environs, je fis travailler à la fontaine. M. le capitaine Devaux qui était resté dans l'ancien camp comme chargé des affaires arabes me les remit et me quitta.

Dès le lendemain, 23, les Arabes se rendirent à ma tente. Je donnai mes instructions aux caïds et aux cheiks et je pris définitivement le commandement du poste de Batna, qui devint Cercle et ensuite subdivision pendant les quatre ans que j'y restai.

Le Gouverneur général ne donne son approbation définitive à cette transformation qu'au mois de septembre 1844, et on attendit ce moment pour commencer les travaux d'aménagement définitifs. C'est donc du 22 juin 1844 que date l'origine de la ville de Batna. Herbillon nous donne à ce sujet l'historique du monument commémoratif qu'il voulut ériger :

Pour rappeler la date précise de la prise de possession, je fis élever une colonne retirée des ruines de Lambessa (à 4 kilomètres de Batna). On devait placer en haut de cette colonne le buste de Son Altesse Royale le duc d'Aumale. Il me fut annoncé par lettre du colonel Jamin, aide de camp de Son Altesse Royale, en date du 16 janvier 1847, ainsi conçue :

Paris, le 16 janvier 1847.

Mon Général (1),

J'ai attendu que le buste de S. A. R. Monseigneur le duc d'Aumale fut terminé par l'artiste qui en est chargé pour vous annoncer que S. A. R. accédait avec plaisir à votre demande. Il faut actuellement que ce buste soit coulé en plâtre. Il subira les critiques de l'exposition, puis sera exécuté en marbre de Batna; S. A. R. est en uniforme d'officier

---

(1) Herbillon était maréchal de camp depuis 1846.

général, en burnous jeté sur l'épaule droite. Il est dans les proportions que vous avez désignées.

Permettez-moi, mon Général, de profiter, etc., etc.

L'Aide de Camp de service,

Signé : JAMIN.

La révolution de 1848 a annulé ce projet, comme beaucoup d'autres. La colonne a été dressée, mais le buste manque et a été remplacé par le Drapeau tricolore. Très heureux encore que l'on ait conservé intacte cette marque matérielle qui porte le souvenir de la prise de possession du pays de Batna, à laquelle mon nom sera attaché, car j'ai posé la première pierre du premier établissement militaire.

La main-d'œuvre militaire, la seule qu'on puisse utiliser pour le moment, va faire les frais de l'établissement d'un poste stable.

Le brave 61e, mon régiment, commença les constructions, travailla aux fontaines, défricha les terres, planta les premiers arbres et donna la principale impulsion. Des moulins furent construits, un camp fut établi dans la forêt des Cèdres ; des arbres séculaires furent abattus, des briqueteries établies ainsi que des fours à chaux. Des maisons furent construites aux colons ; des routes furent tracées et commencées.

Si bien qu'en 1847, quand Herbillon quittera Batna, il pourra écrire :

Il y avait un hôpital, une caserne, des écuries entièrement terminées. Le petit pavillon du commandant supérieur, les hangars-baraques pour la troupe et celui qui servait de logement aux officiers, avaient été conservés.

Nous avons jeté un coup d'œil rapide sur ces détails d'ins-

*tallation pour n'avoir plus à y revenir. Là ne se bornaient pas
d'ailleurs les occupations d'Herbillon.*

A peine arrivé à Batna, je poussai des reconnaissances
jusqu'au pied des montagnes et par des courses réitérées
je parvins à forcer les Achaïches à se soumettre, exemple
qui fut suivi par les tribus de la plaine. Cela facilita l'expédition que le général commandant la province de Constantine voulait entreprendre dans le Djebel Aurès.

*Le lieutenant-général Bedeau a succédé à Constantine au
duc d'Aumale.*

C'est donc à celui-ci que revient la première idée de cette
expédition, mais son départ l'empêcha de mettre à exécution cette course.

CHAPITRE X

Expédition dans le Djebel Aurès (1845). — Attaques d'Aydoussa (20 mai 1845). — Herbillon est nommé commandeur de la Légion d'honneur (20 août 1845). — Combats entre les Ouled-Sellam Guelala (décembre 1845). — Le colonel Herbillon passe au 38ᵉ de ligne. — Il est nommé maréchal de camp (novembre 1846).

Ce n'est qu'en 1845 que sont poussés les préparatifs pour envahir le Djebel Aurès.

Les motifs qui imposent aux troupes d'occupation la nécessité de parcourir l'Aurès sont toujours du même ordre. La pacification ne s'étend que difficilement aux peuplades habitant les régions montagneuses.

Le Djebel Aurès était difficile à pénétrer. Les villages placés sur des rochers et entourés de ravins profonds étaient considérés par les indigènes comme imprenables. Ils se croyaient donc certains de pouvoir commettre leurs méfaits sans être inquiétés.

La colonne expéditionnaire se compose de deux brigades sous le haut commandement du général Bedeau assisté du général Levasseur. Elle quitte Batna le 1ᵉʳ mai 1845; jour par jour Herbillon nous donne le journal des opérations. Nous n'en retiendrons que deux épisodes.

Le 20 mai, mardi à 4 heures du matin, le camp fut levé. La colonne divisée en deux brigades se mit en route. La 1ʳᵉ brigade, sous les ordres du général Levasseur, partit à 4 heures du matin; la 2ᵉ, sous mes ordres, ne commença son mouvement qu'à 6 heures. Après avoir parcouru les crêtes du Rass-Drah par de très mauvais chemins, nous fîmes une grande halte pour coordonner notre action avec celle du lieutenant-général qui devait attaquer le village d'Aydoussa par la gauche pendant que je l'attaquerais par la droite. Je reconnus le chemin que ma colonne devait suivre. J'étais accompagné du colonel Gouyor, chef d'État-major, de quelques spahis et d'une section de grenadiers. Nous suivions la crête de la montagne, lorsque tout à coup nous nous trouvâmes en face d'une redoute que les Arabes avaient construite en pierres sèches. Aussitôt que nous fûmes en vue à environ 300 mètres, nous fûmes assaillis par une décharge d'une vingtaine de coups de fusil qui nous tuèrent deux hommes du 2e de ligne et en blessèrent quatre. Heureusement que j'étais à ce moment dans un fond avec mon escorte et défilé par un massif de broussailles. J'ordonnai à la section de grenadiers de s'abriter et à mon escorte de ne pas bouger.

Immédiatement je fis dire à M. le colonel Butafoco qui était en tête de la colonne de précipiter le pas, mais au lieu de suivre la crête, il s'était enfoncé dans la gorge et avait entièrement disparu, s'exposant ainsi aux coups des Arabes qui couronnaient toutes les crêtes. Je me trouvais donc isolé des troupes et si les ennemis avaient eu l'intelligence de saisir le moment, ils nous enlevaient.

Le colonel Gouyon, voyant la position fâcheuse dans laquelle l'éloignement de la colonne nous mettait, ne perdit pas une minute et descendant les pentes rapides du Djebel Drah, il arriva au moment où la droite du 61e débouchait de la gorge. Il cria de loin que leur colonel était en danger. A ce cri, le commandant Gourgas, qui était en tête, donna l'élan et les deux bataillons gravirent avec ardeur la montagne. Ils arrivèrent tout essoufflés à l'endroit où le hasard nous avait placés. Immédiatement, nous nous élançâmes sur la redoute qui fut emportée.

Le 22, nouvelle aventure. Le lieutenant-général marche directement par l'ouled Abdi, tandis qu'Herbillon est envoyé en flanc-garde :

On voyait les Arabes assis sur les cimes, leur fusil entre

les jambes. Ils attendaient probablement que nous fussions entrés dans le défilé par où passait le seul chemin nous ramenant dans la vallée de l'oued Abdi. Je devais y rejoindre la colonne du lieutenant-général. Le défilé était dominé à droite par des rochers à pic, à gauche nous avoins un torrent. Il n'y avait de place que pour un mulet.

Le sentier était rocailleux, glissant et surtout de grosses pierres formaient escaliers. Le passage était périlleux et je redoutais avec raison d'y être attaqué. Des cailloux lancés auraient suffi pour nous écraser.

Heureusement, un marabout, craignant de voir les villages incendiés vint à notre rencontre. Il portait un drapeau. Je saisis cette circonstance pour me servir de lui. Je lui promis que les villages seraient respectés, mais étant données les intentions hostiles de ses coreligionnaires, je lui donnai l'ordre de marcher devant mon cheval, drapeau déployé, en lui disant qu'au premier coup de fusil tiré par les Arabes, sa tête tomberait.

Ces dispositions prises, j'entrai dans le défilé. Aussitôt que les Arabes faisaient le moindre mouvement, le marabout effrayé faisait immédiatement signe de ne pas tirer. Nous pûmes ainsi passer sans encombre.

Le vendredi 30 mai, je fus chargé de l'organisation du caïdat du centre de l'Aurès et quand le général Bedeau regagna Constantine, le 20 juillet, je restai sur place pour mettre de l'ordre et de l'entente parmi les tribus nouvellement soumises et assurer le paiement des contributions. Je rentrai à Batna le 28 juin 1845.

Pendant cette longue course dans les Aurès, j'eus soin de prendre note exacte, autant que possible, de toutes les tribus, fractions de tribus, noms de cheiks et des grands et, à mon retour à Batna, j'organisai tout ce pays. Le projet fut maintenu et approuvé par le général commandant la province, après examen du gouverneur général.

Il était de la plus haute importance de soumettre le massif de montagnes (Djebel Aurès) qui sépare en partie le Tell du Sahara et qui servait de refuge aux mécontents, entre autres les serviteurs dévoués du bey Hamed. La difficulté du pays, le caractère des habitants, l'isolement dans lequel ils vivaient, leurs décherahs qui, construits sur des rochers paraissent de véritables redoutes, tout faisait présumer que la résistance serait tenace. Il n'en fut rien, les montagnards n'ont tenu nulle part, ne s'entendant pas et craignant d'être incendiés, ils attendaient presque toujours que les colonnes s'avançassent pour venir implorer et se soumettre. Il n'y eut par conséquent aucun rassemblement nombreux. Certes, s'ils avaient été portés à se défendre, ils auraient eu toute facilité. Ravins profonds, défilés étroits et brisés, réduits souvent au lit d'une rivière, rochers inaccessibles et, de plus, pays totalement inconnu. Il fallait à chaque instant étudier le terrain et souvent, malgré la plus grande prudence, on se trouvait dominé de tous côtés. On cheminait donc au hasard et pourtant aucun incident fâcheux n'est arrivé.

Cette expédition ne peut être considérée comme un fait de guerre difficile, mais comme le prélude de la soumission d'une race industrieuse, de l'occupation d'un pays dont les habitants sédentaires sont cultivateurs (en arbres fruitiers surtout). De plus, comme les tribus du Sud de ce pays aurésien sont en relations d'affaires continuelles avec les populations des oasis sahariennes, il était de bonne politique de relier les contrées en une seule sous une même autorité.

Une nouvelle distinction honorifique vient récompenser Herbillon des services rendus par lui dans l'Aurès, et le Roi, par ordonnance du 20 août 1845, l'élève à la dignité de commandeur de la Légion d'honneur.

Sans parler des razzias qui sont le résultat des courses faites autour du centre du Cercle pour châtier un crime, réprimer un commencement de révolte et qui s'échelonnent sur tout le cours de l'année, nous avons encore à noter avant la fin de l'année 1845, une expédition dirigée par le général Levasseur, commandant par intérim la province de Constantine et dont fait partie Herbillon.

De l'année 1846 il nous reste peu de choses; le Moniteur du 27 août nous apprend seulement que :

Toute la province de Constantine est dans la plus grande tranquillité. Le colonel Herbillon, commandant du Cercle de Batna, s'est établi sur les pentes de l'Aurès pour faire rentrer les impôts, opération qui se fait sans la moindre résistance.

Les cadres du 61e sont appelés à rentrer en France.

Des pourparlers s'engagent à ce sujet entre le lieutenant-général Bedeau et le colonel Herbillon, pour que ce dernier reste à son poste. Une lettre du 14 septembre nous met au courant de la situation :

Constantine, le 14 septembre 1846.

Mon cher Colonel,

Je suis bien aujourd'hui, après avoir eu quelques accès de fièvre, et je me hâte de vous écrire pour vous dire que vous ne suivrez pas votre régiment, ou plutôt les cadres du 61e qui vont successivement rentrer en France.

Je puis vous conserver par urgence. Le gouverneur sanctionnera, mais il serait mieux que vous pussiez trouver un permutant. J'ignore si déjà vous avez fait quelques démarches éventuelles. Voulez-vous que j'en fasse essayer près du colonel du 43e de ligne?

Répondez-moi, je vous prie, sans plus attendre, afin que nous n'ayons pas trop à débattre votre maintien. Nous le débattrions fort et ferme, s'il le fallait, mais mieux vaut se régler sans embarras.

Pressez autant que vous pourrez l'établissement des pièces que je vous ai fait demander pour l'État-major et envoyez-moi le plus tôt possible aussi le bataillon et la compagnie destinés au 43e de ligne.

Recevez l'assurance de mon sincère attachement.

Le Lieutenant-Général,

BEDEAU.

Encore une fois, le désir exprimé dans cette missive se trouvait réalisé avant que la lettre même fût écrite, puisque le

2 septembre, une décision royale affectait Herbillon au 38e de ligne en résidence à Alger par permutation avec M. Berghoune.

Le nouveau colonel du 38e ne rejoint d'ailleurs pas son poste. Il continue de commander à Batna. La haute protection du duc d'Aumale ne lui fait pas défaut. C'est à lui qu'il doit sa nomination au grade de maréchal de camp. Herbillon en évoque le souvenir en quelques mots :

Le Prince royal sut se rappeler les services que j'avais rendus et au mois de novembre 1846, au mariage du duc de Montpensier son frère, il me fit nommer maréchal de camp.

Cette nomination vaut à Herbillon de nombreuses lettres de félicitations, parmi lesquelles nous trouvons celles du colonel Jamin, aide de camp au nom du duc d'Aumale, du lieutenant-général Bedeau, du général Vaillant.

Paris, le 5 novembre 1846.

Mon Général,

S. A. R. Monseigneur le Duc d'Aumale me charge de lui servir d'interprète auprès de vous et de vous adresser ses compliments sur votre nomination au grade de maréchal de camp qui a été signée ces jours derniers.

Permettez-moi, mon Général, de vous prier d'agréer aussi mes félicitations les plus sincères et l'assurance de mes sentiments tout dévoués.

Lieutenant-Colonel V. JAMIN.

Mon cher Général,

Je suis bien heureux de pouvoir vous nommer ainsi, et cependant, n'ayant rien reçu d'officiel, je me serais abstenu de vous écrire aujourd'hui, si de nombreux avis très positifs n'avaient ici précédé l'officialité.

Soyez heureux de cette nomination et ayez surtout la

bien agréable certitude qu'elle recevra le témoignage d'un assentiment unanime.

Vos services dévoués, intelligents et continus reçoivent ainsi une bien honorable et éclatante récompense. Vous fournissez un exemple de plus à ceux qui pensent que, malgré qu'on dise de notre époque, le meilleur chemin pour arriver sûrement est encore celui de la modestie, du travail et de la probité.

J'ajoute que je suis doublement satisfait de votre avancement parce que dans un moment où nous sommes obligés de lutter contre l'opinion de ceux qui disent qu'on ne doit rien attendre de la race indigène, c'est beaucoup qu'une distinction donnée à un des officiers qui depuis quelques années ont constamment réussi à prouver que pour obtenir des indigènes, il fallait se dévouer à eux, mais qu'en se dévouant ainsi on obtenait toujours de merveilleux résultats. C'est beaucoup enfin, pour notre politique dans ce pays que l'avancement successif donné aux chefs qui ont fait le plus de bien à la race indigène.

Je ne sais pas ce que vous a dit le colonel Jamin dont j'ai reconnu l'écriture.

Toutefois, puisqu'il s'est chargé de vous donner la nouvelle, vous pourrez écrire sans retard au duc d'Aumale. Adressez-lui vos remercîments respectueux et sincères, car c'est à lui que vous devez votre avancement que je n'espérais pas aussi prochain.

Quand j'aurai reçu l'avis officiel d'Alger, je vous dirai les paroles du Maréchal qui sans doute aussi aura appuyé vivement la bienveillance du prince.

Vous resterez sûrement dans la province, mais je ne puis rien dire quant à la destination, si ce n'est que sûrement je ferai tout ce qui dépendra de moi pour vous maintenir au moins quelques mois à Batna, tout en vous donnant le commandement d'une subdivision.

Croyez à mon attachement bien sincère.

Le Lieutenant-Général,

11 novembre 1846.   BEDEAU.

Mostaganem, le 20 novembre 1846.

Mon cher Général,

A mon arrivée à Mostaganem, j'apprends votre nomination au grade de maréchal de camp et je ne veux pas différer à vous dire qu'elle me cause un vrai plaisir. Je suis heureux de voir que mes souhaits ont si peu tardé à être exaucés. Ce qui ajoute à ma satisfaction, c'est la manière dont votre nomination est accueillie par tout le monde; toutes ne sont pas reçues ainsi. Permettez-moi en vous faisant mon compliment, de me dire votre
Bien dévoué serviteur.

Général VAILLANT.

Laissez-moi aussi vous remercier une fois de plus de l'hospitalité si cordiale que vous m'avez accordée.

**

En lui envoyant sa lettre de service, le général Bedeau, dans un post-scriptum de sa main, ajoutait :

P. S. — Je dois croire que vous serez appelé au commandement de la subdivision de Constantine dont le chef-lieu paraît devoir être prochainement fixé à Batna, mais ce n'est qu'un projet qu'il faut garder pour vous.

Cette nouvelle est confirmée par le Moniteur du 7 janvier 1847, qui annonce que le maréchal de camp Herbillon reçoit le commandement de la subdivision de Constantine en remplacement de M. le général Noël qui rentre en France. M. le général Herbillon séjournera jusqu'à nouvel ordre à Batna où il a été détaché par M. le général Bedeau.
Le Cercle de Batna n'est donc pas encore privé de la direc-

tion de son chef et organisateur. Herbillon ne le quittera que pour prendre le commandement supérieur de la province de Constantine qu'il a suffisamment parcourue pour être à même d'en diriger efficacement les travaux. C'est la fin de sa résidence à Batna que nous allons étudier maintenant.

———

CHAPITRE XI

Expédition contre Bou-Maza (janvier-février 1847). — Dévouement de Chateaubriand. — Expédition des Nemenchas. — Commandement par intérim de la division de Constantine. — Pierre tombale du colonel Combes.

L'année 1847 va débuter par une nouvelle expédition dans une région où nos troupes n'avaient pas encore pénétré. L'affaire n'a pas eu son origine dans la province de Constantine.

Bou-Maza, dit le général Herbillon, qui par ses prédications avait remué les populations de la province d'Alger, se voyant poursuivi et traqué de tous côtés, se dirigea vers le sud de la province de Constantine en traversant le pay. des Ouled N'Ails, tribu nombreuse et difficile à soumettre. Connaissant le fanatisme religieux qui domine les Arabes du Ziban et comptant sur l'appui des nomades, il vint s'établir près des Ouled Djellal et de Sidi Kraled, à un endroit appelé Kreen Fre. De là il se mit en relations avec les habitants de ces deux oasis et après s'être assuré de leurs dispositions, il vint sacrifier à la Djema de Sidi Kraled, dont le tombeau est en grande vénération dans tout le pays du Sud. Sidi Kraled passe pour avoir été un des compagnons de Sidi Okba et chérif ; des pèlerinages nombreux se font à certaines époques de l'année à l'endroit où ses cendres ont été déposées.

Bou-Maza n'avait pas au début un nombre de partisans assez considérable pour qu'on pût s'inquiéter de ses menées ténébreuses. Mais son esprit de ruse lui permit d'utiliser les rivalités entre chefs, la haine commune du chrétien, par ses accointances enfin avec les grands des Ouled N'Ails ; il sut soulever les tribus, organiser la résistance en s'entourant d'un goum nombreux. Mission fut donnée au cheik de Biskra de surveiller l'imposteur, mais ce cheik ayant commis l'imprudence de s'avancer avec des forces insuffisantes pour razzier les troupeaux des Ouled Djellal, Bou Maza en profita pour lui infliger une défaite qui augmenta encore son prestige auprès des habitants de Sidi Kraled, des Ouled Djellal et des Ouled N'Aïls.

L'insurrection s'étendit rapidement, fit tache d'huile et gagna le Ziban, dont les indigènes n'attendaient qu'une occasion pour secouer le joug français. Le commandant de Saint-Germain du Cercle de Biskra en rendit compte au général Bedeau qui m'envoya l'ordre de me porter au plus vite contre l'agitateur.

Les renseignements permettant de croire que la présence d'une petite colonne suffirait pour faire rentrer les oasis (Ouled Djellal et Sidi Kraled) dans le devoir et chasser Bou-Maza du Sud, je quittai Batna avec 99 baïonnettes, 2 escadrons de chasseurs et 2 pièces de montagne. Je fis emporter quinze jours de vivres et le 15 janvier 1847, je me mis en route. Le 8, à 5 heures du soir, j'arrivai à l'oasis de Tolga.

Les habitants de Tolga et de Zab-Dahari me reçurent avec de grandes démonstrations d'honneur et de respect; les nombreux goums du cheik El Arab et de Si Mokram vinrent au devant de la colonne, à laquelle ils se réunirent.

Le cheik des Ouled Djellal me fut présenté. Il me donna des indications sur l'esprit de ses administrés, sur leurs mauvaises dispositions. Il affirmait que Bou-Maza, dès notre arrivée, serait abandonné et forcé de s'éloigner.

Ses paroles paraissaient sincères, mais je n'y apportai qu'une foi relative. Je voulais surprendre l'homme qui était venu jeter le trouble dans les Zibans. Après avoir changé mes mulets contre des chameaux pour les donner à l'infanterie sans plus tarder, je me portai en avant.

Il y avait 10 lieues de Tolga aux Ouled Djellal. A l'oasis de Liouah, plusieurs grands Djellakiens vinrent m'annoncer que Bou-Maza avait quitté le village. Ils demandaient que la colonne n'allât pas plus loin, ajoutant qu'ils n'avaient pu s'opposer à ce que le marabout s'installât chez eux.

Malgré cette démarche, je continuai ma route. Nous arrivâmes à Rabath à 6 heures et demie du soir où j'eus confirmation du départ de Bou-Maza. Le camp fut établi sur les bords de l'oued Djeddi et je fis dire aux Ouled Djellal d'avoir à se présenter le lendemain à mon arrivée sur leur territoire pour faire soumission.

Le 10 janvier, la colonne arrive à hauteur des dattiers de l'oasis. Le cheik El Arab, le khalifat Si Mokran et tous les grands qui m'entouraient étaient tellement persuadés qu'il n'y aurait aucune résistance qu'ils s'engagèrent dans le lit de la rivière qui coule au sud et au pied des jardins de l'oasis.

Le commandant de Saint-Germain étant dans la même persuasion, avait poussé avec quelques spahis d'escorte jusqu'au bord des cultures, lorsqu'il remarqua que tous les Arabes de l'oasis étaient en armes, drapeaux déployés et avaient l'attitude de gens bien décidés à la résistance. Il vint au galop me prévenir et m'engager à camper à distance.

J'établis mon camp sur un mamelon qui dominait l'oued Djeddi et les jardins et je fis prévenir les grands de venir faire leur soumission. Quelques-uns se présentèrent, mais ils appartenaient à la fraction du cheik qui était au camp. Je les envoyai dire à leurs coreligionnaires que si dans deux heures, des représentants de chaque fraction n'étaient pas près de moi, j'attaquerais l'oasis.

Je profitai de ce laps de temps pour en faire le tour, afin de reconnaître les endroits les plus accessibles.

L'oasis des Ouled Djellal est appuyé au sud à l'oued Djeddi, au nord à une vaste plaine sablonneuse. Elle a la forme d'un losange et peut contenir 45.000 dattiers renfermés dans des jardins clos de murs et arrosés par le moyen de puits. Le village qui est au centre est composé d'environ 400 maisons dont quelques-unes solidement construites. Une porte assez élevée ferme la face nord, et la face sud n'a d'autres entrées que des rues extrêmement étroites qui longent les jardins. La forêt de dattiers cache l'agglomération d'où émerge seulement un très petit minaret.

Ma reconnaissance me prouva le danger et les difficultés de pénétrer de vive force dans le dédale des jardins. Je résolus donc de faire jeter, en cas de non-soumission, quelques obus sur le minaret pour effrayer les habitants et les forcer à se rendre près de moi.

De retour au camp, j'y trouvai les mêmes grands des fractions soumises venant me dire de la part de leurs frères que : leur intention n'était pas de se soumettre aux chrétiens tant qu'ils seraient campés près de l'oasis; qu'ils ne les recevraient pas dans leur village; qu'ils avaient donné asile à Bou-Maza, il est vrai, mais qu'étant entièrement libres, ils étaient maîtres de recevoir chez eux qui bon leur semblait.

Le but évident des Arabes était de ne pas céder. Un mouvement rétrograde aurait soulevé immédiatement les oasis voisins, permis à Bou-Maza de revenir. Il n'y avait pas d'hésitation à avoir et la nécessité d'une démonstration s'imposant, je prescrivit au commandant Billon du 31ᵉ de prendre avec lui le bataillon d'Afrique, un bataillon de son régiment, une pièce de montagne et le goum de Si Mokran pour prendre position contre la face nord de l'oasis. Au signal donné par un coup de canon, il devait faire une simple démonstration avec son goum pendant que j'agirais de même sur la face sud avec le goum du cheik El Arab. Si les habitants sortaient, nous devions faire appuyer les goums, mais sans dépasser les premiers murs. L'artillerie devait tirer de dix en dix minutes sur le minaret.

Les deux escadrons de chasseurs étaient prêts à charger dans le lit très large de la rivière à sec si les Arabes s'aventuraient hors des jardins.

Au sud, les Arabes se retirèrent devant l'attaque. Au nord, au contraire, ils poursuivirent le goum de Si Mokran. Billon prit nettement l'offensive et enlevant le bataillon d'Afrique au cri de : « Allons, Zéphyrs, en avant », se jeta

dans l'oasis où ses hommes entrèrent pêle-mêle avec les
habitants. Ceux-ci connaissant toutes les issues, s'étaient
promptement dérobés aux vues. Abrités derrière les murs,
les dattiers, ils tiraient sur les soldats qui, perdus dans
les ruelles, agissaient chacun pour son compte. Le commandant Billon, suivi de quelques hommes, arriva jusqu'à la route du village et, au moment de la franchir,
fut tué à bout portant. Encouragés par ce succès, les
Arabes reprirent l'offensive et les troupes ne pensèrent
plus qu'à sortir du labyrinthe où leur fougue les avait
engagées.

Du côté du sud, nos fusils de remparts avaient fait beaucoup de mal aux Arabes. A la nouvelle de la mort du commandant, je tentai une attaque décisive pour dégager les
unités aux prises. Je ne laissai au camp que quelques
hommes de confiance avec les cuisiniers et les malingres.
Il me restait 4 compagnies du 2e de ligne. Je mis pied
à terre et escorté de mon aide de camp, du maréchal des
logis Chateaubriand et de quelques hommes, à la tête
du détachement, je fis prendre à tout le monde le pas de
course. La diversion, en attirant les Arabes de notre côté,
permit au bataillon d'Afrique et à celui du 31e de battre
en retraite.

Il eût été imprudent de pousser plus loin et toutes les
troupes se retirèrent ensuite. Notre marche rétrograde
excita nos ennemis à se ruer sur nous. Le capitaine Oudin,
du 2e, eut à lutter corps à corps avec eux. Il tomba même
entre leurs mains, dont il fut arraché par un brigadier de
spahis. Sa compagnie étant fortement compromise, je dus
charger pour le dégager à la tête des chasseurs. On put
ainsi ramener les blessés, entre autres le capitaine, qui avait
trois blessures fort graves.

Le feu avait cessé et j'étais resté pour surveiller la retraite,
quand Chateaubriand, qui était à ma gauche, s'écria en
me couvrant : « Général, prenez garde à vous, on vous
ajuste. » A peine ces mots étaient-ils prononcés, qu'une
douzaine de balles vinrent frapper mon escorte. Chateaubriand eut la jambe cassée, deux chasseurs furent griève-

ment blessés, plusieurs chevaux tués. Nous ne rentrâmes au camp qu'à 6 heures.

Le bilan des pertes fut de 104 blessés et 40 tués, dont le brave commandant Billon. Son cadavre, ainsi que ceux de 14 hommes, avaient été laissés entre les mains des Arabes, 45 fusils avaient été abandonnés, ainsi que beaucoup d'effets. Le plus embarrassant, c'est que je n'avais pas d'ambulance complète et qu'il me manquait des cacolets pour le transport des blessés.

Je donnai l'ordre à Ben Canah, cheik El Arab d'envoyer deux de ses serviteurs les plus dévoués aux grands des Ouleds Djellal pour les prévenir que : l'intention du général était de ne pas quitter la position de campement qu'il avait prise, que si les habitants ne se soumettaient pas, il ferait de nouveau lancer des obus sur le village et qu'il demandait des renforts à Constantine.

Après une journée tout entière de luttes et de combats, ce fut la saisissante peinture du bivouac dans la nuit, rempli de gémissements des blessés avec, pour augmenter l'horreur poignante de l'obscurité, les lamentations lointaines des femmes arabes sur les corps de ceux qui ont payé de leur vie leur opiniâtreté dans la rébellion.

Les cris, les pleurs des femmes qui venaient jusqu'au camp étaient un indice certain qu'il y avait des quantités de tués et blessés parmi les habitants. D'autre part, autour de nous on n'entendait que les plaintes des malheureux blessés. Il était minuit, la nuit était froide, bien que nous fussions dans le Sahara. Je dictais dans ma tente, à mon aide de camp, le rapport des faits de la journée, quand les postes avancés envoyèrent prévenir qu'un assez grand nombre d'Arabes, éclairés par des torches, venaient à nous par le lit de l'oued Djeddi.

Tout le groupe me fut amené. Ils n'étaient plus ni si fiers, ni si insolents que le matin. Devenus souples, suppliants, ils déplorèrent leur entêtement, pleurèrent la mort de leurs frères et finirent par m'implorer en se soumettant entièrement à ma discrétion.

C'était le moment de leur en imposer par une grande

fermeté. Aussi après leur avoir reproché leur conduite peu loyale, l'hospitalité donnée à Bou-Maza, ennemi de la France, je leur promis l'aman aux conditions suivantes :

1° Ne plus recevoir dans leurs villages le marabout Si Moktar qui, après avoir excité ses coreligionnaires à ne pas se soumettre, s'était sauvé;

2° Fournir 20 otages pris dans les deux fractions insoumises;

3° Payer 50.000 francs;

4° Rapporter les cadavres qui avaient été abandonnés dans les jardins;

5° Restituer les fusils et les effets laissés entre leurs mains.

Ils avaient jusqu'au lendemain 10 heures du matin pour la restitution des fusils, des effets et la remise des otages, sans quoi le bombardement recommencerait.

Les 50.000 francs devaient être payés dans les cinq jours.

Toutes ces conditions furent remplies. Restait à assurer l'évacuation des blessés sur Biskra. Le commandant de Saint-Germain en fut chargé.

On réquisitionna 150 chameaux et en agençant sur leur dos des tapis pour constituer des sortes de lits, on put constituer le convoi. Les amputés furent transportés sur des brancards. La colonne resta campée au même endroit jusqu'au 24 janvier. Elle reçut ce jour-là des renforts amenés par le colonel Butafuco du 2° (2 bataillons, 2 pièces, des munitions et des vivres). Le 24, je poussai jusqu'à Sidi Kraled et reçus la soumission de ses habitants. Entre temps, j'avais pacifié la région et le 4 février, j'entrai chez les Ouled N'Ails pour donner la main au général Marey qui opérait de son côté dans le Sud de la province d'Alger.

Au moment de regagner Batna, on apprend que Bou-Maza se rapproche, qu'il est pour le moment chez les Ouled Sussy campés aux puits de Maingoub. Vivement désireux de ne pas perdre le fruit de la journée du 10 janvier, je résolus de le poursuivre sans retard. Après des souffrances atroces causées à mes hommes par le manque d'eau en plein désert, par le siroco dans la journée, cédant la place pendant la nuit à des gelées véritables, après toutes les difficultés surmontées pendant une marche de quarante heures sans repos, la colonne arrive à Maingoub.

Maingoub est une ancienne station romaine, où il existe sept puits bien conservés qui sont profonds et alimentés par une rivière souterraine. L'eau en est bonne et fraîche. Les Ouled Sussis avaient abandonné l'oasis le matin même de notre arrivée. Ce fut un contre-temps, mais on n'avait rien à se reprocher. Le but principal de l'expédition était d'ailleurs rempli, car Bou-Maza se voyant poursuivi d'un côté par le général Marey, de l'autre par moi, quitta la province définitivement. Quelque temps après, il fit sa soumission entre les mains de M. de Saint-Arnaud, je crois (1).

La colonne expéditionnaire se retrouva, le 6 mars, en vue de l'oasis des Ouled Djellal. Les indigènes sortirent en foule du village et apportèrent 400 plats de couscous avec du lait, des dattes, des fruits qui furent distribués à la troupe. Le 14, elle rentra à Batna.

Dans cette expédition, officiers et soldats prouvèrent quel parti on peut tirer des troupes françaises et quel est le pouvoir de la discipline, car, malgré les pertes douloureuses du 10 janvier, malgré la course pénible de trois jours sans eau en plein Sahara, pas une plainte, pas un cri ne fut proféré. Rentrés à Batna le 14, les mêmes hommes en repartirent le 25, pour opérer chez les Nemenchas, grande tribu rebelle; je trouvai chez eux même courage, même zèle et même abnégation.

Cette expédition des Nemenchas s'est bornée à une simple promenade militaire dans une région difficile et de ressources plus que minimes. Elle ne trouvera son épilogue définitif qu'en octobre 1848, par une démarche des grands des Némenchas à Constantine pour solliciter une organisation.

---

(1) Le *Moniteur* du 22 avril 1847 nous annonce en effet la prise de Bou-Maza chez les Ouled Jonnes et, d'autre part, le même journal rend compte que le célèbre fanatique assiste à une séance de la Chambre le 7 juin 1847.

Le 11 juillet 1847, un ordre de l'armée d'Afrique appelle le maréchal de camp Herbillon, commandant la subdivision de Batna, au commandement par intérim de la division de Constantine.

C'est à cette époque que se place vraisemblablement le fait cité par le maréchal Canrobert dans ses Mémoires, concernant la grande dalle romaine en marbre blanc qui servait de pierre tombale au colonel Combes, du 47e, tué le 13 octobre 1837 à la prise de Constantine. Nous la reproduisons uniquement ici au point de vue anecdotique :

Lorsque en 1847, dit le maréchal Canrobert, je fus nommé colonel, je pris le commandement du 2e de ligne à Batna. Je passai par Constantine et j'allai voir la plaque de marbre. Je ne la retrouvai pas. Je courus alors chez le général Herbillon et lui demandai où se trouvait cette plaque. Il l'ignorait et ignorait même qu'elle eût jamais existé. Il la fit rechercher de suite et on la retrouva dans un bain mauresque, où elle servait de lit de repos. Le général Herbillon la fit remettre à sa place (1).

Voici ce qu'écrivit, en novembre 1847, le lieutenant-général commandant la province :

Le général Herbillon s'est toujours fait remarquer, depuis dix années qu'il sert en Afrique, par un zèle soutenu. Il est fort utile dans un commandement de politique indigène par sa prévoyance calme et sa sagesse.

Et le duc d'Aumale, alors gouverneur général de l'Algérie, ajoutait :

Homme tout à fait spécial à l'Afrique, consciencieux, ferme, M. le général Herbillon sait commander et obéir. Il a l'habitude des troupes et une grande pratique des affaires arabes. Il convient parfaitement au commandement dont il est pourvu.

---

(1) *Mémoires du Maréchal Canrobert.*

CHAPITRE XII

Arrivée à Constantine (décembre 1847). — Révolution de février 1848. — Départ du duc d'Aumale. — Expédition du colonel Canrobert contre Hamed-Bey (mai-juin 1848).

Appelé à Constantine par M. le général Bedeau pour le remplacer pendant son absence, après avoir obtenu un court congé pour me rendre à Paris, j'arrivai à Constantine le 19 décembre 1847, et je pris immédiatement le commandement de la province.

Ce fut pendant mon intérim que la Révolution de Février arriva.

Le duc d'Aumale m'annonça les événements de la capitale avec la lettre suivante :

28 février 1848.

Mon cher Général,

J'ai reçu hier de Paris les nouvelles ci-incluses que j'ai immédiatement portées à la connaissance de la population et de l'armée. Je ne puis y ajouter aucun détail, je ne sais rien de plus. S'il arrive des nouvelles importantes, je vous les communiquerai immédiatement par exprès par la voie de terre.

Je n'ai dans cette circonstance aucune prescription à vous faire, si ce n'est de veiller au maintien du bon ordre, de la discipline et de la tranquillité générale, et à ce qu'aucune rumeur exagérée n'agite la population indigène. Le service du pays ne doit pas souffrir des préoccupations diverses; nous devons continuer nos travaux habituels et attendre avec calme les ordres de la Mère Patrie.

Des événements graves peuvent se produire, la paix du monde peut être troublée. Nous devons nous tenir prêts à défendre ici comme partout ailleurs l'honneur du drapeau national. Je ne puis que vous recommander de ménager et de faire hausser le plus possible les approvisionnements des subsistances et de disposer de la manière la plus profitable nos ressources si minimes pour la défense des côtes. J'entretiens M. le ministre de la Guerre de ces deux questions sur lesquelles j'ai déjà souvent attiré votre attention.

Quoi qu'il arrive, le dévouement de l'armée d'Afrique et de ses chefs à la Patrie est inébranlable.

Agréez, mon cher Général, etc...

H. D'ORLÉANS.

28 février, 11 heures du soir.

Je reçois à l'instant une nouvelle dépêche qui m'est officiellement transmise par l'amiral préfet maritime de Toulon; elle fait l'objet du second avis ci-joint et ne change rien à ce que je viens d'écrire.

. . . .

Ce fut la dernière lettre d'Afrique que je reçus du prince. Le duc d'Aumale quitta le pays, où il fut profondément regretté de l'armée, des colons et des indigènes.

L'année qui commençait fut fertile en incidents divers et la situation, en particulier à Constantine, n'était pas facile. Une lettre adressée au début d'avril à son frère, nous montre les appréhensions du général.

Constantine, le 5 avril 1848.

Mon Ami,

J'ai reçu ta lettre du 20 mars, qui m'a fait le plus grand plaisir, car j'étais dans une grande inquiétude par suite des événements qui encore une fois mettent bien des choses en question. Ici, nous avons eu le contre-coup. J'ai eu d'assez forts embarras pour empêcher notre population européenne de faire des démonstrations qui auraient pu

réveiller l'assoupissement des Arabes qui n'attendaient que
le moment de secouer le joug que nous leur imposons. La
population européenne de la province n'étant que de 18.000
individus, femmes et enfants compris, au milieu de plus de
deux millions d'Arabes, tu comprends quelle prudence et
quelle fermeté je dois avoir pour maintenir l'ordre. L'armée d'Afrique a parfaitement compris sa position; calme
et unie, elle en a imposé aux indigènes; c'était nécessaire,
car sans cette conduite, ceux que nous appelons colons
auraient tout compromis.

Nous avons passé un hiver affreux; quatre mois de pluie
sans discontinuer avaient intercepté toute communication;
la population arabe de Constantine s'est trouvée dans la
plus profonde misère; je l'ai nourrie par des distributions
re blé. Des secours en argent ont été donnés aux malheu-
deux Européens. Aujourd'hui, j'apprends par les rapports
qui me sont adressés que les deux tiers des troupeaux sont
morts par suite du froid et des pluies; comme c'est la principale fortune des Arabes, l'année 1848 sera pénible pour
nous, car le malheur rend sourd et les Arabes ne se laissent
pas prendre aux beaux discours; de plus on diminue l'armée d'Afrique dans un moment inopportun, ce qui arrê-
tera la colonisation qui demande sécurité pour s'étendre.

Depuis trente-cinq ans que je sers mon pays, je ne me
suis jamais occupé de politique; aussi, j'attends tranquillement ce qui sera décidé sur ma position. J'ignore encore
si on me laissera le commandement de la province; dans
le cas contraire, il serait possible que je rentre en France,
où je serais mis en disponibilité jusqu'à ce que je puisse
être placé à la tête d'une brigade active ou dans une subdivision. La Révolution ayant détruit mes projets, je ne
puis que faire des vœux pour le bonheur de notre belle
France que je servirai tant que ma santé le permettra,
mais je ne demanderai rien, ni pour moi, ni pour les miens,
car la République doit éloigner les solliciteurs.

. . . .

L'état d'esprit des Arabes, écrit-il à cette époque, devenait assez inquiétant et les traits de rébellion plus consis-

tants. Les effectifs dont je disposais ne me permettaient pas d'entreprendre la grande expédition que j'avais projetée d'accord avec le duc d'Aumale, mais il fallait cependant agir le plus tôt possible pour empêcher les actes d'hostilité de se généraliser et pour maintenir le respect de notre autorité chez les indigènes.

Dans ce but, j'adressai au général Cavaignac, Gouverneur général de l'Algérie, diverses propositions auxquelles il me fut répondu par la lettre suivante :

GOUVERNEMENT GÉNÉRAL
        DE L'ALGÉRIE

        Cabinet.

Alger, le 19 avril 1848.

        Général,

Je vois par votre lettre du 14 courant, n° 100, qu'en raison de divers motifs peu importants isolément, mais qui, pris ensemble, méritent d'être pris en considération sérieuse, vous renoncez pour cette année à faire la grande démonstration que vous aviez projetée dans l'Aurès et que vous vous bornerez à agir contre les Beni-Oudjama dont la désobéissance ne peut rester impunie.

Je ne puis qu'approuver cette détermination. Je vois, d'ailleurs, avec plaisir, que cette petite opération sera dirigée par le colonel Canrobert, qui aura sous ses ordres une colonne composée de telle sorte qu'on ne puisse avoir d'inquiétude sur le succès de sa course.

Je vois aussi avec plaisir que les garnisons de Constantine et de Philippeville resteront assez fortes pour que, si les circonstances l'exigent, avec ces réserves vous puissiez vous porter là où votre présence serait nécessaire.

Enfin, je vous donne également mon approbation à votre projet de n'envoyer qu'à la fin de juin chez les Haractas la colonne destinée à faire rentrer l'impôt. A ce moment, l'opération de l'Aurès sera terminée et M. le général

Droleuvaux pourra en même temps parcourir sans inconvénient l'Est de la province.

Le Gouverneur général,

Cavaignac.

Le plus entreprenant de nos ennemis était alors l'ex-bey
de Constantine Hamed-Bey. C'est lui qu'il convenait de
soumettre tout d'abord.

Ce bey qui, après la prise de cette ville, a remué pendant
des années cette province et qui souvent nous avait sus-
cité bien des embarras, avait enfin pris le parti de se réfugier dans le Djebel Aurès, montagnes abruptes du Sud, à
un endroit appelé Kebaich. Ce fut son dernier refuge, qu'il
ne se détermina à occuper qu'après avoir épuisé toutes
ses ressources. De là, il dominait encore et cherchait par
tous les moyens possibles à exciter contre l'autorité française les Chaouïas, peuplades sauvages qui, retranchées
dans les rochers, en sortaient souvent pour inquiéter les
tribus soumises de la plaine. La soumission de l'Aurès, qui
avait eu lieu en 1845, avait bien diminué son influence et
jusqu'en 1848 on n'avait presque plus entendu parler de lui.

Il était donc à Kebaich, vivant des dons que lui faisaient
les Arabes, attendant toujours le moment de se faire voir
à ses anciens administrés. Il avait conservé des relations
avec les grandes familles et, ayant le cœur bien trempé, il
se reposait sur l'avenir, espérant toujours et comptant
comme tous les musulmans sur la destinée.

Entouré de ses femmes, de ses serviteurs dévoués, il leur
parlait de son ancien pouvoir et de la cime des montagnes
de l'Aurès, il leur montrait le chemin de Constantine. Le
cœur des Chaouïas battait en songeant que leur ancien chef
pourrait un jour, du sol africain, chasser l'infâme roumi.

Tous étaient dans l'attente lorsque la Révolution de
1848 arriva. Dès que la nouvelle en fut parvenue et tandis
que les Européens dansaient comme des fous autour des
arbres de la liberté, Kabyles et nomades sentirent l'espoir

renaître en leurs cœurs ulcérés et se trouvèrent prêts à
subir l'action de leur ancien chef dont ils regrettaient même
le despotisme sanguinaire.

Hamed-Bey fut prévenu par ses affidés des évènements
survenus en France, du départ du duc d'Aumale, des
scènes burlesques qui eurent lieu à Alger, de la conduite
de nos colons qui, au lieu de travailler, hurlaient verre en
main : vive une république qu'ils ne comprenaient pas.
L'ex-bey jugea que le moment était arrivé de soulever les
populations.

Il s'adressa aux Beni-Oudjama de l'Aurès, tribu re-
muante et nombreuse; il envoya des émissaires dans le
Belezma et chercha par tous les moyens de nous créer de
grands embarras.

Les menées d'Hamed-Bey me furent de nouveau confir-
mées par la lettre suivante du colonel Canrobert :

Batna, le 3 mai 1848.

Mon Général,

J'ai l'honneur de vous rendre compte que l'ex-bey
Hamed entretient des relations suivies avec Ahmed bel
Hadj (qui est toujours à Souf); ces deux personnages
cherchent à exciter contre nous les bruits répandus par
la malveillance sur notre évacuation prochaine de l'Algérie.

Il paraît même, mon Général, qu'ils sont en correspondance active avec Ben-Azzedin et Bou-Akkas ben Achour,
dont ils reçoivent des secours en argent. M. le commandant supérieur de Biskra en m'informant de ces menées
ajoute qu'il croit à leur existence.

Veuillez agréer, mon Général, l'expression de mon respectueux dévouement.

Le Colonel commandant provisoirement
la Subdivision de Batna :

Colonel CANROBERT.

J'ordonnai à cet officier de se porter sur les Beni Oudjan et de s'entendre avec M. de Saint-Germain, commandant le Cercle de Biskra, qui, de son coté, devait entrer dans le Djebel Aurès par le Sud, afin de s'emparer de l'ex-Bey.

Quelques jours après, je recevais le rapport ci-dessous du colonel Canrobert :

Bivouac de Tarirt Oued Mache, chez les O. Daoud.
11 mai 1848.

Mon Général,

J'ai l'honneur de vous rendre compte que je suis parti de Batna hier 10, avec la colonne que vous avez mise à ma disposition pour l'expédition de l'Aurès. Voici, d'après tous les renseignements dont je suis entouré et les explications des chefs arabes, la marche que je vais suivre.

Je me rends directement à Mellazou par l'oued Taza et Medinah; j'y arriverai le dimanche 15 mai en appuyant un peu dans le Sud pour prendre à revers tous les douars des Beni Oudjama qui essaieraient de nous échapper; ce même jour 15, Sidi-Malib avec les Amanras et les O. Saïd, Si-Hamidad avec les Achaïches, O. Seidhel, O. Fedhalah et le goum des O. Daoud s'avanceront à l'est, au nord et à l'ouest et rabattront sur ma colonne qui remontera l'Oued Mellazou toutes les fractions de la tribu insoumise qui se trouvera ainsi complètement à notre discrétion. J'agirai alors suivant les instructions de vos lettres antérieures et je vous rendrai un compte exact de mes opérations.

J'ai couché hier sur l'oued Taza, au centre des O. Moumen, chez le Caïd Sidi-ben-Abbès; j'ai été bien reçu par les populations et j'ai profité de mon passage pour fixer le Luzma et le Hokor à payer par ces tribus et j'ai ordonné que le tout me fût apporté lors de mon passage au retour de l'Est.

Malheureusement, je suis aujourd'hui contrarié par le temps et pour ne pas fatiguer mes troupes, je me suis arrêté sur l'oued Taghirt. Il pleut à verse, mais nous avons le bois à discrétion, de l'eau courante et j'arriverai demain à Medinah et de là en deux jours à Mellazou.

J'ai reçu vos ordres pour l'arrestation de Aïalled Amari et de El Bari. Le premier est à Biskra depuis une douzaine de jours et j'ai ordonné à M. de Saint-Germain de le saisir et de l'expédier sous bonne escorte à Batna, d'où il sera dirigé sur Constantine. Pour le second, El Bari, j'ai communiqué vos ordres au cheik El Arbi et plusieurs cavaliers conduits par son frère Mohammed sont partis ce matin pour s'en emparer. J'espère l'avoir ce soir ou demain au plus tard à mon camp et vous l'envoyer dès que ce sera possible.

Je suis, avec respect, mon Général, votre obéissant serviteur.

Colonel CANROBERT.

Le colonel Canrobert et le commandant de Saint-Germain combinèrent avec la plus grande intelligence leur marche vers le refuge de l'ex-bey et le 7 juin, le colonel m'annonçait que Hamed Bey s'était rendu au commandant de Saint-Germain avec toute sa famille. La nouvelle de cette prise fut immédiatement répandue et les tribus qui étaient dans l'intention de se soulever restèrent tranquilles.

Depuis si longtemps Hamed était un centre de résistance pour les mécontents, qu'à l'annonce de sa reddition, le découragement s'empara de beaucoup de chefs qui, tout en servant la France, ne désespéraient pas de voir un jour leur ancien maître revenir trôner à Constantine. Aussi l'effet produit sur eux fut-il très grand. Il n'en fut pas de même à Alger où ce succès, dont on ne comprit pas toute l'importance, fut accueilli froidement; au ministère de la Guerre, il passa presque inaperçu, et cependant, pour l'avenir de la province de Constantine, ce résultat était très sérieux. Mais en France, dans le bouleversement du moment, on oubliait entièrement que l'ex-bey avait bravement combattu contre nous au siége d'Alger, avait défendu Constantine. Les Arabes seuls en furent émus et les officiers de la province comprirent toute la portée de cet événement.

Dirigé avec toute sa famille sur Constantine, Hamed y arriva le 19 juin. Il se rendit ensuite au palais où je le reçus entouré de tout mon État-major. Après avoir causé longuement avec moi, il me demanda la permission de rester toute la journée au palais et de ne rentrer dans sa famille que le soir. Je lui accordai sa demande et lui offris son ancienne chambre. En y entrant, il en passa l'inspection et fit la remarque que rien n'avait été changé à l'installation, sauf une glace qui avait été placée sur la cheminée.

Dans la journée, il reçut force visites, les autorités vinrent individuellement et les grands se rendirent auprès de lui. Il fut affable et cet homme, qui avait fait tomber tant de têtes pendant son gouvernement, était pour les Arabes encore un sujet de terreur, quoique prisonnier.

Il regarda avec dédain et même mépris certains chefs qui vinrent lui baiser les pieds; il resta fier avec tous. Le soir, lorsqu'il rentra chez lui, entouré des officiers chargés de l'accompagner, toute la population arabe et juive encombrait les rues. Tous voulaient le voir et l'approcher; lui, passa impassible, marchant gravement au milieu de la foule qui s'écartait avec respect. Pas un mot de vengeance, pas un cri ne fut jeté, et cet homme qui avait été cruel et féroce dominait encore par son regard cette population qui jadis avait rampé à ses pieds.

Hamed n'était pas de haute taille, mais fort et robuste avec un embonpoint assez prononcé. Sa tête était bien placée sur des épaules larges; il avait une barbe touffue et argentée; ses yeux très beaux et très grands avaient une expression de cruauté. Un peu lourd dans ses mouvements, il restait le plus souvent assis, les jambes croisées et prenait continuellement du café en fumant sans arrêt. Il parlait peu, mais fixait son interlocuteur d'un regard aigu et scrutateur.

Le 23 juin, il partit pour Alger, où le Gouvernement lui fit une pension. Son séjour parmi ses anciens administrés ne produisit qu'un effet de curiosité; son nom fut encore prononcé de loin en loin dans son ancienne province, mais son temps était fini.

La question de l'ex-bey étant réglée, il convenait d'agir d'un autre côté pour assurer la sécurité de la province. Voici le récit de cette nouvelle expédition :

A chaque instant, les Azels étaient inquiétés par les cheiks Bou-Renem-Ben-Azzeddin et son frère Mohamed qui, avec leurs goums, venaient mettre à contribution les douars voisins. Ces deux chefs arabes n'avaient jamais voulu faire leur soumission et s'étaient refusés formellement à venir se présenter aux différents commandants de la province. Forts de l'impunité qui avait suivi leurs méfaits, ils se regardaient comme indépendants, tombaient sur les tribus qui les environnaient; continuellement, on était forcé d'envoyer de nombreux détachements de cavalerie pour rassurer les Arabes qu'ils menaçaient. Jamais nos colonnes n'avaient essayé de pénétrer dans leurs montagnes.

Tous les ans, au mois de juillet ou d'août, une petite colonne s'établissait à Sidi-Mérouan, situé au pied de la montagne et sur la rive droite de l'oued Eudja, pour recevoir la faible contribution que Bou-Renem devait payer annuellement au Trésor. Celui-ci recevait de nouveau l'investiture, puis, une fois la colonne rentrée, il recommençait à inquiéter ses voisins.

Les journées de février 1848 et le mécontentement des Arabes de la vallée du Setsaf, qui avaient été forcés de livrer la plus grande partie de leur territoire aux colons, encouragèrent les Ben-Azzeddin qui devinrent plus audacieux que jamais. Ils se jetèrent sur les Azzels, brûlèrent les récoltes, enlevèrent des troupeaux et devinrent la terreur de toute la plaine qui arrive jusqu'aux portes de Constantine.

Toutes les plaintes portées, l'arrogance des deux frères, les nombreux vols commis qui restaient impunis me firent prendre le parti d'envoyer comme de coutume une colonne à Sidi-Mérouan, non seulement pour y toucher l'impôt, mais encore pour nommer le jeune Boulakros cheik du Zouagha en remplacement de ses oncles Bou-Renem et Mohamed.

Boulakros, après la mort de son père dont il accusait Bou-Renem d'être l'auteur, fut sous la tutelle de ses oncles qui s'étaient emparés de ses biens et le tenait comme en prison. Malgré la grande surveillance dont il était l'objet, il trouva le moyen de se mettre en relation avec le capitaine Sadd, du génie, qui avait la direction du Bureau arabe de la subdivision de Constantine.

Profitant de son mécontentement, de son désir de se venger, espérant par son moyen mettre la division dans les différentes tribus du Zouagna et affaiblir l'influence de Bou-Renem, on l'engagea à venir à Constantine. Il profita d'une occasion favorable et se sauva avec sa femme, ses enfants et quelques serviteurs.

A son arrivée, il me fut présenté par le capitaine Sadd. Je vis un assez bel homme, mais obèse quoique jeune, d'une figure peu animée et paraissant aimer le repos. Son intelligence me sembla très limitée; il ne m'inspira que peu de confiance. Cependant, malgré ma répugnance à me servir de lui, car il me paraissait incapable de pouvoir résister à ses oncles, je me rendis aux raisons évoquées par MM. de Neveu et Sadd, qui le regardaient comme l'instrument le plus propre à changer toute la politique de cette partie de la province.

Il fut donc décidé qu'il suivrait la colonne et qu'aussitôt le camp établi, il se mettrait en pourparlers avec tous les cheiks et grands des tribus du Djebel Zouagha.

La colonne composée d'environ 1.200 hommes (infanterie, cavalerie, artillerie) quitta Constantine le 3 août 1848, sous les ordres du colonel Jamin du 8e de ligne. Elle arriva à Sidi-Mérouan le 5.

Dès qu'ils s'étaient aperçus de l'évasion de leur neveu,

les frères Ben-Azzedin n'étaient pas restés inactifs. Ils connaissaient mes intentions, et, avertis du départ de la colonne, ils se préparèrent à l'inquiéter, ce qu'ils firent à notre arrivée sur l'emplacement du camp; pendant qu'on dressait les tentes, ils tirèrent et nous blessèrent deux hommes.

Cette attaque me contraria vivement, vu qu'il était de toute nécessité de maintenir la tranquillité. En effet, il fallait craindre que si la Kabylie se remuait, le soulèvement ne se propageât dans les montagnes de Collo, et que la route de Philippeville à Constantine ne fût interceptée. Or, je n'avais que très peu de troupes à opposer à un mouvement général; de plus, les factions qui existaient en France donnaient peu de garanties pour l'avenir et le moindre échec pouvait embraser toute la province.

J'avais en outre l'inspection des régiments à passer, ce qui allait m'obliger à m'absenter. Je prévoyais de grands embarras pour assurer l'investiture de Boulakros, qui lui-même s'était abusé sur les promesses que les amis de son père lui avaient faites de prendre ostensiblement son parti dès que la colonne serait en vue. Non seulement il n'en fut rien, mais ils continuèrent à suivre Bou-Renem et à lui rester fidèles.

Durant mon inspection, je reçus la nouvelle que plusieurs attaques s'étaient produites et une en particulier assez sérieuse contre les troupes du commandant Bourbaki.

Résolu d'inquiéter les indigènes dans leurs intérêts, je donnai l'ordre d'envoyer des nomades sur le territoire des Ben-Azzeddin dont les troupeaux dévoreraient les récoltes en meules. Cette mesure produisit d'abord un assez bon effet et décida Bou-Renem et son frère à entrer en composition avec le commandant de la colonne. Je me transportais moi-même à Sidi-Mérouan pour tirer parti de ces bonnes disposition, examiner le pays et juger sur les lieux mêmes quelle pouvait être l'influence de Boulakros. J'y arrivai le 21, dans la matinée.

Après avoir parcouru le pays et sondé l'esprit des tribus voisines, je m'assurai en causant avec le colonel Jamin et le capitaine Sadd de la difficulté que nous trouverions à détruire le prestige des Bou-Azzeddin et combien nous avions été trompés sur celui que pouvait avoir Boulakros. Celui-ci n'avait autour de lui que quelques serviteurs, était dans une situation à ne pouvoir rendre aucun service; d'ailleurs, il me parut plus que jamais dénué d'intelligence, lourd de corps et d'esprit. Mais l'affaire était engagée, il fallait faire en sorte de la mener à bien tout en évitant de porter la guerre dans la montagne.

Je donnai donc les instructions suivantes : essayer d'amener les Bou-Azzeddin à conclure un arrangement avec leur neveu, se maintenir dans le camp en observant la plus grande surveillance, ne faire de reconnaissances que pour en imposer aux Arabes, éviter tout engagement sérieux, car il ne fallait pas grandir le prestige de Bou-Renem, ce qui ne manquerait pas d'arriver s'il obtenait sur nous le moindre avantage.

L'effectif de nos troupes était du reste trop faible pour leur permettre de s'engager dans la montagne où le cheik voulait les attirer.

Je retournai à Constantine avec l'espérance que nous finirions par arriver à une solution satisfaisante. Malheureusement le colonel Jamin n'avait aucune connaissance du caractère arabe et le capitaine Sadd, officier très capable, au fait de toutes les intrigues et de toutes les ruses des indigènes, penchait pour Boulakros, en faveur duquel il travaillait; il avait une haute opinion de ce chef et ce n'est que très longtemps après ces événements qu'il fut forcé de convenir que son protégé était un homme nul.

Tout semblait se calmer cependant, quand le 30 août, Bou-Renem se jeta avec ses goums sur les tentes des nomades qui, affolés par cette attaque soudaine, abandonnèrent immédiatement le pays. Le 31, pendant la nuit, il attaqua le camp; les troupes se défendirent avec courage et l'assaillant dut se retirer en laissant pas mal de monde sur le terrain. Il recommença le 3 septembre et le 4 il parvint à brûler les meules de paille qui alimentaient le camp.

Ces attaques répétées ne me laissaient plus aucun doute sur les intentions des Ben-Azzeddin. Ils voulaient rester les maîtres des tribus du Zouagha et n'acceptaient nullement de partager leur autorité avec leur neveu. De plus, soit faiblesse de la part du commandant du camp, soit ennui de la part des subordonnés, il est certain que chez nous, il y avait du mécontentement, peu de confiance et des plaintes.

Je pris le parti de me rendre de nouveau au camp, de me mettre à la tête des troupes et de réaliser par la force ce que les pourparlers, les propositions avantageuses et la politique n'avaient pu obtenir.

Le 7 septembre, je partis de Constantine avec un escadron de chasseurs, à 4 heures du matin, et j'arrivai à Sidi Merouan après midi.

Le lendemain 8, avec un bataillon de tirailleurs indigènes, 2 bataillons du 8e de ligne, 2 pièces de montagne et 3 escadrons de cavalerie, je me dirigeai du côté de l'Oued Endja. Arrivé à 2 kilomètres de cette rivière, j'aperçus des groupes nombreux de Kabyles.

Je fis immédiatement occuper les hauteurs qui nous entouraient, puis je fis tirer quelques obus sur les gourbis derrière lesquels se tenaient les groupes arabes. Aussitôt que le premier effet fut produit, je lançai le bataillon indigène sur l'ennemi et ordonnai à deux escadrons de traverser l'Oued pour couper toute retraite. Ces mouvements furent exécutés avec entrain et en un instant les Arabes furent mis en déroute laissant 53 cadavres sur le terrain; nous n'eûmes que 2 tués et 3 blessés.

Quand je rentrais au camp, le Krodja de Bou-Renem nous avait déjà précédé, envoyé par son maître.

Le 9, je me mis en route pour surprendre la Zaouïa des Ben-Azzeddin. Les Arabes l'avaient abandonnée.

Le jour même, les frères Ben-Azzeddin envoyèrent faire leur soumission et payèrent les amendes qui leur furent demandées, ainsi que les impôts ordinaires.

On leur laissa les tribus ainsi que les Azels placés sur

les rives de l'Oued Endja, mais on donna les Mouillas et les Azels qui en dépendaient à Boulakros.

Ce dernier fut placé à Milah, où on installa une petite garnison. Là, ce chef était à portée de sa tribu pouvait s'y faire des partisans et balancer le pouvoir de ses oncles.

Le succès fut loin d'être complet, cependant il y eut un grand pas de fait. Le temps et une occasion opportune devaient amener la soumission complète de ces deux chefs qui pour la première fois venaient d'éprouver la force de nos troupes. L'échec leur avait été d'autant plus sensible que par lui Bou-Renem venait de perdre tout son prestige, ayant dû demander l'aman et ayant dû se soumettre aux conditions dictées par le commandant de la province.

La soumission des tribus du Zouagha eût été totale si, après l'affaire de l'Oued Endja, j'avais pu me jeter dans la montagne; mais je n'avais aucun ordre, je manquais de troupes, et de plus, les événements de France ne permettaient pas de s'occuper pour le moment de ceux d'Afrique.

Je rentrai à Constantine le 11 septembre et les troupes le 12. Elles avaient besoin de repos, les fièvres avaient commencé à sévir et les malades augmentaient de jour en jour.

CHAPITRE XIII

**Difficultés avec le préfet Carette (1848-1849). — Expédi-
tion dans le Zouacha (mai-juin 1849). — Expédition
de l'Oued-Kebli (juin 1849). — Défaite du colonel Ca-
buccia devant Zaatcha.**

———

*A côté des difficultés militaires surgissent dans cette pé-
riode agitée des préoccupations d'un tout autre ordre, et,
interrompant un instant le récit des expéditions, s'intercalent
dans le vieux registre les lignes suivantes qui nous montrent
qu'alors, comme souvent, se heurtaient les pouvoirs civils et
militaires :*

Le 23 mars 1848, je reçus avis que M. Carette était
nommé directeur des Affaires Civiles de la province de
Constantine. Je le connaissais pour l'avoir reçu en ami,
tandis que j'étais chef du Cercle de Guelma; nous avions
même couché sous la même tente.

M. Carette était alors capitaine du génie et membre de
la Commission scientifique. Il parcourait la subdivision de
Bône, prenait partout des renseignements et venait se
reposer de ses courses à Guelma, où il recevait une cordiale hospitalité qu'il semblait apprécier.

Il arriva à Constantine le 2 avril, vint me voir aussitôt.
Je l'accueillis en ancien camarade, lui exprimai ma satisfaction de le voir et je lui dis qu'en nous entendant, il serait
facile de mener les choses à bien. Il me quitta en m'assu-
rant de toute sa bonne volonté et en me répétant qu'il
était heureux de se trouver avec moi.

Mais la bonne entente ne devait pas longtemps durer.
Il s'était jeté dans les idées démocratiques, avait sollicité
et obtenu cette Direction des Affaires Civiles et était venu
avec l'idée bien arrêtée de tout dominer et de remplacer

en pouvoir le Commandant de la province. Ce fut la cause de notre lutte, dans laquelle il succomba, mais non sans miner ma position auprès du Gouverneur, et du Ministre. Il fut le promoteur de tous les désagréments que j'ai éprouvés pendant mon commandement.

Il y avait à la Direction un jeune homme, M. Deloche, qui avait de l'instruction, de l'entrain, mais d'une ambition outrée. Versé dans l'Administration, il lui fut facile de s'emparer de l'esprit de M. Carette qui subit vite son influence et se laissa entraîner dans une voie peu conciliante.

Une circonstance se présenta bientôt qui mit à jour le caractère du Directeur et de son acolyte. Tous deux s'étaient rendus à Bône pour visiter leurs administrés. Le Sous-Directeur de cette localité était M. de Soubeiran, homme de mœurs douces, estimé et aimé. Ce fonctionnaire était un obstacle à l'avancement de M. Deloche et ne pouvait plaire au démocrate Carette. Aussi, le 3 mai, celui-ci m'annonçat-il par une lettre datée de Bône que M. de Soubeiran était remplacé provisoirement par M. Deloche qui, immédiatement, entra en fonctions.

Pendant que M. Carette était à Bône, une affaire grave s'était passée à Constantine. M. le chef d'escadrons Desvaux, directeur des affaires arabes, vint me prévenir le 28 avril, à 10 heures du soir, qu'un espion de Hamed-Bey était dans la ville et qu'une réunion d'affiliés devait avoir lieu chez un certain Abderrhaman-ben-Nouadaf. Des ordres furent donnés tout de suite. La maison d'Abderrhaman fut cernée, les Arabes du parti de l'ex-bey furent arrêtés, les espions mis en prison, et Abderrhaman embarqué le lendemain pour Alger. M. Duverney, qui remplaçait le directeur, fut immédiatement prévenu, précaution utile pour éviter tout conflit d'autorité.

Mais M. Carette ayant appris cette arrestation par la voix publique, m'écrivit le 28 mai qu'il portait plainte contre moi au Ministre et au Gouverneur, car Abderrhaman, comme habitant de Constantine, se trouvait sous sa direction.

M. le Directeur était dans le faux, d'abord parce que son intérimaire avait été prévenu par lettre, en second lieu parce que dans le moment grave que nous traversions, il ne fallait pas tergiverser, mais frapper vite pour arrêter toute tentative d'insurrection.

Cette plainte n'eut d'ailleurs aucune suite; le Gouverneur approuva l'arrestation d'Abderrhaman, qui fut séquestré à Alger.

Je ne pus m'empêcher de manifester mon mécontentement à M. Carette; mais, dans ces moments d'agitation, il ne fallait pas donner l'exemple de la mésintelligence entre les deux principales autorités de la province; je profitai d'un jour où nous nous trouvions à l'église pour le prendre à part à la sortie du temple. Là, avec la plus grande franchise, je lui témoignai tout mon regret de voir notre brouille et lui dis que tout le monde avait les yeux sur nous, qu'il fallait mettre du bon vouloir chacun de notre côté et éviter le choc de deux amours-propres. Nous nous donnâmes la main et la réconciliation fut faite le 12 juin.

Cependant le Directeur cherchait toujours à empiéter au delà de ses attributions. Il étouffait dans le rayon peu étendu des affaires de la ville; il ne cachait pas son intention d'arrondir la banlieue de Constantine, et son ambition bien ostensible était de marcher au moins d'égal à égal avec le commandant de la Province.

La promulgation de la Constitution lui donna l'occasion de manifester hautement cette intention.

Le 2 décembre 1848, je réunis chez moi, au palais, le Directeur, le général Dessolles, le commandant de la place et l'abbé de la paroisse. Après leur avoir manifesté le désir de nous entendre pour donner de la solennité à la promulgation de la Constitution, j'insistai pour que la milice et les autorités se mêlassent à l'armée, afin de prouver aux Arabes que la Révolution n'avait pas ébranlé l'accord parfait qui existait parmi les corps constitués et les habitants. Je priai ensuite le général Dessolles de libeller la Proclamation qui devait être affichée. M. le directeur en prit connaissance, puis, après un instant de réflexion, fit observer qu'il ne croyait pas que les habitants européens de la ville se rendraient à une invitation émanant du Commandant supérieur et que cette invitation devait venir de lui, Directeur civil.

M. le curé surtout se récria sur cette prétention qui, si on devait la mettre à exécution, dit-il, pouvait produire un fâcheux effet et annihiler en partie l'autorité du Commandant de la Province.

Toutefois, comme il convenait d'agir avec la plus grande prudence, et ne donner aucun motif de conflit entre la troupe et les habitants, je décidai que la proclamation de la Constitution se ferait en deux endroits, que la troupe serait réunie sur la place de la Brêche et que M. le Directeur, avec les autorités civiles, lirait cette proclamation sur la place du Palais.

Mais il arriva ce que M. le Directeur n'avait pas prévu : c'est que les habitants européens et arabes se portèrent où se trouvait la troupe et que M. Carette fut seulement entouré des employés de la Direction et de ceux des autres administrations. Cette cérémonie manqua donc d'entente et ne produisit qu'un piteux effet. De ce moment, M. le directeur évita pour ainsi dire toute relation avec moi et nous ne nous vîmes plus que rarement.

Le 23 décembre, me parvint le décret du 9, relatif aux territoires civils et militaires et au remplacement des directeurs civils par les préfets. M. le capitaine du génie Carette se trouva donc élevé à cette haute fonction et se crut autorisé à revendiquer le pouvoir du commandant supérieur, en s'appuyant sur le décret de messidor an XII qui donne aux préfets le pas sur les généraux de brigade. Ses prétentions aux préséances devinrent tellement prononcées que je me décidai à écrire au ministre de la Guerre pour qu'une solution fût apportée à ce différend.

Le ministre ne donna pas raison au préfet et les généraux de brigade commandant les provinces eurent les mêmes droits que les généraux de division.

A l'époque où cette mésintelligence existait entre le préfet et moi, jamais il n'y eut plus besoin de s'entendre.

L'établissement des colonies agricoles, les nombreuses concessions demandées et accordées, la remise à l'administration civile de la banlieue de Constantine, la fermentation qui se propageait parmi les Arabes, la présence du chérif Jamina dont les feux de bivouacs étaient aperçus de la Kasbah, le soulèvement des Kabyles de Collo et les courses des frères Ben-Azzeddin sur les Azels du Rummel étaient choses sérieuses qui demandaient le concours de tous; mais M. Carette ne voyait pas les faits du même œil que moi, regardait les soulèvements des Arabes comme peu dangereux et prétendait même qu'avec quelques spahis, les employés de son administration pourraient parcourir les montagnes et la Kabylie et percevoir l'impôt sans difficulté.

Comme tel n'était pas mon avis, j'avais écrit la situation au Gouverneur en lui expliquant la nécessité de marcher immédiatement pour étouffer ces menaces d'insurrection. Il m'ordonna de former une colonne et de me rendre dans le Zouagha.

Avant de partir, je voulus m'entendre avec le préfet et lui donner quelques renseignements. Je lui envoyai donc le capitaine Lebœuf, mon officier d'ordonnance, pour le prier de venir causer avec moi. Ne l'ayant pas trouvé, le capitaine lui écrivit un billet en lui exprimant combien il était urgent et politique de nous voir. M. Carette lui répondit avec impertinence :

« Dites au général Herbillon que, s'il veut me parler, je serai chez moi de telle heure à telle heure. » Je n'avais rien à répondre à une pareille insolence; je quittai Constantine quelques jours après et je me rendis dans le Zouagha.

Depuis ce jour, je n'ai plus eu avec le préfet que des relations de service et toujours par lettre.

Le 20 avril, la fête de Aïd-Skris eut lieu comme les années précédentes. Comme cette fête était toute militaire, je n'invitai pas officiellement l'administration civile. Le préfet en fut blessé, je restai indifférent à son mécontentement. Mais, pour se venger, M. Deloche ayant trouvé quelques-unes de mes lettres sur lesquelles les secrétaires avaient mis en tête « Monsieur » au lieu de « Monsieur le Préfet », et dont les formules finales n'avaient point été libellées selon les règles adoptées, plainte fut portée sur mon peu d'égards vis-à-vis du préfet. M. le général Charron, Gouverneur Général, m'écrivit une lettre fort dure dans laquelle il me reprochait de donner un *mauvais exemple*. Ma réponse fut aussi fière que digne (5 septembre 1849).

Je partis le 25 septembre pour l'expédition des Zibans et le siège de Zaatcha; je revins à Constantine le 13 décembre. A mon arrivée, j'appris que M. Carette était remplacé par M. de Soubeiran, le même fonctionnaire dont il avait donné la place à M. Deloche. Il partit pour Paris par le courrier du 23 décembre.

Lorsque M. Carette fut désigné pour venir dans la province de Constantine, M. le général B..., homme de tête et de jugement, m'avait écrit qu'il craignait que ce capitaine qui quittait ses épaulettes pour des fonctions civiles ne me causât bien des soucis. Le pronostic ne s'est que trop réalisé.

Ici se place le récit de deux nouvelles expéditions qui furent particulièrement pénibles.

L'année 1849, disent les notes, commença dans la Province sous des auspices inquiétants. Les Arabes, à la vue de tous les colons débarqués pour lesquels on leur prenait une partie de leurs territoires, manifestaient un grand mécontentement; des chefs influents les excitaient à la résistance et des chérifs prêchaient la guerre sainte. Dans la montagne de Collo, c'était un nommé Sidi-Janina qui menait le mouvement. Il eut même l'audace de faire une attaque sur El-Arouch où il fut battu. Cela ne l'empêcha pas de continuer ses prédications chez les Kabyles; en particulier, ceux du Djebel Zouagha subissaient son influence.

Les frères Ben-Azzeddin poussaient leurs coreligionnaires à secouer le joug de l'occupation et suscitaient de grandes difficultés à leur neveu en engageant les tribus de son caïdat à ne pas le reconnaître.

Levant peu à peu le masque, ils en vinrent à envoyer leurs goums ravager les terres des Azels et poussèrent la hardiesse jusqu'à venir faire une razzia sous les murs de Milah, ce qui m'engagea, pour la sécurité de cette petite ville, à y envoyer deux compagnies de tirailleurs et 25 spahis en donnant le commandement du pays au commandant Bourbaki.

Il devenait urgent d'arrêter le commencement de la rébellion. Le Gouverneur venait de me désigner pour aller dans les montagnes de Bougie me joindre au général de Saint-Arnaud pour châtier les Beni-bou-Sliman qui s'étaient insurgés, mais à la suite de mon rapport, appréciant comme moi qu'il fallait avant tout rétablir la tranquillité dans ma Province, il m'ordonna de me porter dans le Zouagha et ce fut le général Dessolles qui prit le commandement de la colonne de Bougie.

Laissant le commandement de Constantine au colonel Janet, je partis le 18 mai pour Milah, où se réunissaient les divers éléments de ma colonne composée d'environ 3.500 hommes et 4 pièces de montagne.

Le 20 mai, à 4 h. 30 du matin, nous quittions Milah et nous dirigions sur Djemala. Le lendemain, on se mit en marche sur Beïnam.

La route était en pente assez rapide, inégale, parfois couverte de broussailles. Il y eut à passer un défilé étroit, boisé, où nos mulets chargés de caisses à biscuits ne purent passer qu'avec la plus grande difficulté.

Je n'arrivai à Beïnam qu'à 10 heures du matin. Les Arabes couvraient les contreforts et les mamelons que nous devions occuper. Voulant profiter de la journée pour les chasser, j'attendais avec impatience l'arrière-garde qui avait été arrêtée au défilé, mais qu'heureusement les Arabes n'avaient pas attaquée. Enfin, à midi, toutes les troupes étant réunies, je fis établir le plan, et à 1 h. 30, je partis avec 1.000 hommes, 2 pièces de montagnes et 2 escadrons pour pousser une reconnaissance jusqu'au pays des Beni-Mimhoun, qui devait être le lieu de rassemblement des effectifs fournis aux Ben-Azzeddin. Je marchais assez tranquillement jusqu'à un kilomètre au pied du haut piton où est perché le village de cette tribu. Les Arabes, embusqués dans le lit d'un ruisseau, derrière des murs de jardins, font feu sur la colonne de tous les côtés. Il n'y avait pas à hésiter; je lançai mon infanterie qui, éparpillée par groupes, se porta sur les Arabes qui venaient de décharger leurs armes sur nous. Lancés au pas de course, mes troupiers ne permirent pas aux tireurs de recharger, et ceux-ci s'enfuirent, nous laissant troupeaux et chevaux harnachés. A 7 h. 30, nous étions rentrés au camp.

Cette affaire produisit un excellent effet, et le lendemain 22, les Kabyles du Zouagha et du Djebel Arrhès vinrent au camp faire une démarche de soumission. Je leur promis que leur pays ne serait pas ravagé et ils rentrèrent sur leur territoire avec leurs troupeaux.

Parcourant le pays, j'appris au camp de Beïnam, par une lettre du colonel Carbuccia qu'un nommé Bouzian, se disant inspiré, prêchait la guerre sainte dans le Ziban.

Le Journal mentionne ici des courses rapides dans de nombreuses tribus qui toutes se soumettent, et la colonne s'était arrêtée à Fedj-Akdel, pendant que la tranquillité était rétablie, quand le général fut avisé que les Beni-Mimoun montraient de nouveau de fâcheuses dispositions.

Ceux-ci, dont le Decherah était placé sur un piton très élevé, se croyaient à l'abri de nos troupes.

Le 1ᵉʳ juin, reprennent les Mémoires, j'allai camper sur les territoires de cette tribu. Tandis que les hommes rentraient au camp, après avoir fait le fourrage, des coups de fusils furent tirés. Le lendemain, les Beni-Mimoun vinrent nous menacer. Comme on ne semblait pas s'occuper d'eux, ils furent tellement enhardis qu'à 7 heures du soir nous les vîmes se glisser, pour nous attaquer, le long des champs cultivés et des haies; on les laissa s'approcher jusqu'à 150 mètres environ, et une vigoureuse charge menée par le bataillon d'indigènes et le bataillon d'élite les mit en fuite.

Cette attaque faite après une soumission acceptée ne pouvait rester impunie. Aussi, le lendemain, je sortis du camp et formai deux colonnes : la première composée du bataillon d'élite, sous les ordres du commandant de Saint-Germain, devait faire un grand détour et prendre le piton à revers; la deuxième, que conduisait le commandant Bourbaki avec son bataillon indigène, devait attaquer le Decherah de front. Les deux pièces de montagne furent placées de façon que les obus pussent atteindre les maisons, et un bataillon du 8e de ligne resta en réserve.

La manœuvre réussit parfaitement; les Arabes fixant leur attention sur le mouvement du commandant Bourbaki ne s'aperçurent pas qu'ils étaient tournés et les deux bataillons pénétrèrent ensemble dans le village. Un énorme butin fut fait, et les deux colonnes poursuivirent les fuyards jusqu'au sommet de la montagne d'où elles aperçurent l'embouchure de l'oued Kebir et la mer.

La tête du cheik des Ouled-Habibi me fut apportée, et le lendemain les Oued-Mimoun, les Oued-Baudours, les Oued-Ammour demandèrent l'aman. En même temps, j'apprenais par une lettre du colonel Jamet que le chérif Janina avait été tué et que sa tête avait été exposée à Constantine.

Cette expédition dans le Zouagha, dont nous avons fortement abrégé le récit, fut très pénible et offrit de grandes difficultés.

Le pays est coupé, montagneux, les chemins sont le plus souvent ravinés. Les Ben-Azzeddin qui dominaient le pays depuis de nombreuses années y avaient une grande influence, tellement enracinée qu'il avait été avec nos moyens actuels impossible de les abattre complètement. Ils se soumettaient un jour et se révoltaient le lendemain. Ne voulant et ne devant pas céder, je nommai leur neveu Boulakros caïd de toute la contrée, mais ce fut une nomination illusoire, car cet homme, comme je l'ai déjà dit, n'avait ni l'intelligence, ni la force nécessaire pour assurer son autorité. J'avais cependant l'intention de continuer mon œuvre et peu à peu d'établir une organisation qui briserait la résistance des Ben-Azzeddin. Mais les événements qui suivirent ne me permirent pas d'achever ce que j'avais projeté. Pour le moment, toutefois, le but que je me proposais était atteint ; les goums arrogants des deux frères avaient vu les Français camper dans leurs territoires et ils avaient dû se courber sous la loi commune.

Le 7 juin, le général ayant terminé l'expédition du Zouagha, se trouvait avec sa colonne à Bou-Nossura, quand il prit la décision de se porter dans la vallée de l'Oued-Kebli et les montagnes de Collo où les Kabyles se montraient de plus en plus hostiles et récalcitrants. Le général Dessolles avait déjà été envoyé avec une colonne pour réprimer des désordres, mais cela n'avait pas suffi et il était devenu urgent de procéder à une répression rapide et sévère pour empêcher le mouvement de révolte de s'étendre.

Cette expédition fut vivement menée et toutes les tribus de la région durent se soumettre et demander l'aman. Les territoires des Beni-Salah, des Bou Naïm, des Achaich, des Beni-Mazouz, etc..., furent parcourus et après ces courses où nos soldats montrèrent une rare endurance et une vigueur pleine d'entrain, les tribus rebelles furent châtiées, les chérifs fanatiques disparurent et la tranquillité régna dans le pays.

Le général rentra le 25 juin à Constantine. Une grave attaque de choléra mit ses jours en danger, mais il lui fallut bientôt se préparer à partir de nouveau en expédition, car, le 22 juillet, le colonel Carbuccia lui écrivait qu'il avait essuyé une défaite devant Zaatcha, et l'ère des difficultés allait s'ouvrir de nouveau.

CHAPITRE XIV

**Description du pays des Zibans. — Effervescence dans la
région. — Bouzian. — Le sous-lieutenant Seroka veut
l'arrêter (mai 1849). — Mesures prises. — Révolte
des Ouled-Sahnoun. — Expédition du colonel Carbuccia
(juillet 1849). — Affaire de Fetkouak et de Zaatcha. —
Ben-Djoudi. — Abd-el-Afid. — Affaire de l'oued Seriana. — Mort du commandant de Saint-Germain. —
L'expédition de Zaatcha est décidée.**

----

*Nous arrivons à une des pages les plus importantes de la
vie de celui dont nous recueillons les souvenirs, c'est-à-dire
l'expédition des Zibans et la prise de Zaatcha.*

*Le général Herbillon ayant relaté lui-même, dans un livre
paru en 1863 (1), l'historique de ce siège mémorable, nous ne
prendrons dans ces souvenirs que quelques épisodes.*

*Il convient toutefois de rappeler un peu les faits qui ont
nécessité l'expédition et tout d'abord de décrire rapidement la
contrée où ces événements se sont passés.*

Le pays des Zibans est immense; il s'étend depuis les
frontières de Tunis à l'est jusqu'aux plateaux de Ouled-
Naïl à l'ouest. Au sud, il se rattache aux oasis de l'Oued-
Rhir. C'est dans cette vaste région que s'élèvent les nombreux oasis dont Biskra, avec ses cent mille palmiers, est le
point principal et le chef-lieu d'un Cercle; chacune d'elles,
vue de loin, semble surgir de terre en se détachant du sol
par un massif de verdure sombre et monotone.

Le Cercle renferme trois plaines bien distinctes, qui,
situées à des hauteurs différentes au-dessus de la mer, pré-
sentent de grandes variations dans l'aspect du terrain.

----

(1) *Relation du siège de Zaatcha*, par le général HERBILLON, commandant
la province de Constantine, de 1848 à 1850. Édité chez J. Dumaine.

Ce sont : le Hodna, la plaine d'El-Outaïa et les Zibans que l'on divise en Zab-Dahari (nord), Zab-Guebli (sud) et Zab-Chergui (est) ; là se trouvent les oasis qui sont plus ou moins espacées, plus ou moins groupées, selon la quantité d'eau qui les alimente. Il existe entre elles des espaces vides qui sont occupés, soit par des sables, soit par une espèce d'herbe appelée « chiag » dont se nourrissent les chameaux et les moutons.

Toutes sont couvertes de jardins entourés de murs en pisé, solidement bâtis, formant par leur continuité une enceinte général qui embrasse toute l'oasis et en fait une sorte de place forte.

La population des oasis est nombreuse. Les habitants sont d'un caractère inquiet, remuant et enclins au fanatisme. Avant notre occupation, le pouvoir des beys a dû à diverses reprises user d'une grande sévérité pour réprimer des révoltes qui ont nécessité quelquefois l'emploi de forces assez importantes.

Le Commandant de la province prit possession de ce vaste pays des Zibans en 1844 ; mais ce ne fut que plusieurs mois après l'occupation définitive de Batna (24 juin 1844) que Biskra, qui n'était qu'un poste avancé, devint le siège d'un Cercle dont le commandement fut d'abord confié au commandant Thomas, des tirailleurs indigènes, puis fut donné ensuite au commandant de Saint-Germain, officier supérieur d'un grand mérite, à qui l'on doit les bases de l'administration française dans les Zibans. Depuis cette époque jusqu'en 1849, la plus grande tranquillité n'avait cessé de régner dans cette partie du sud de la province de Constantine, lorsque les graves événements survenus en France (1848), transmis avec rapidité sur le littoral, furent colportés jusqu'aux dernières limites des Zibans au milieu des nombreuses populations des oasis (1).

Nous avons vu précédemment comment les mouvements

---

(1) Voir *La Relation du Siège de Zaatcha* (général HERBILLON).

hostiles des Kabyles des montagnes de Collo et du Zouagha durent être réprimés.

Les nouvelles de nos dissensions politiques furent apportées aux populations par les Zibaniens, connus sous le nom de Biskris. Ceux-ci, comme les Auvergnats, comme les Savoyards, se répandent dans les villes où ils exercent divers métiers; puis ils reviennent chez eux avec le fruit de leurs épargnes. Dans les villes, ils avaient été témoins des démonstrations publiques et en avaient emporté l'impression qu'un profond dissentiment divisait les masses. De retour chez eux, ils avaient raconté avec toute l'exagération orientale, les scènes qui les avaient frappés et avait donné comme certaine la chute du pouvoir militaire remplacé par le pouvoir civil. Ils étaient en cela parfaitement d'accord avec les juifs de Constantine qui étaient des émissaires dangereux, colporteurs de fausses nouvelles.

Ces récits étaient accueillis avec avidité par les gens du Sahara dont ils flattaient les sentiments de haine et qui voyaient dans ces événements la chute prochaine de notre puissance et de notre force.

Rien cependant ne faisait prévoir qu'on fût si près d'une révolte, même partielle. Le caïd de Biskra, Sidi-Mohamed-Skrir, était dans l'ignorance la plus complète de l'esprit de ses administrés. La tranquillité qui n'était qu'apparente paraissait d'autant plus réelle que les nombreux convois européens, arabes ou kabyles circulaient dans toutes les directions et que les nomades quittaient suivant leur habitude le Sahara pour aller passer la saison d'été dans le Tell.

Mais, pendant que j'étais dans le Zouagha et le général de Salles du côté de Bougie, Bouzian, homme énergique, ancien cheik du Zab-Duhari sous Abd-el-Kader, mécontent de n'avoir pas été employé dans le Maghzen (1), nourrissant des projets de vengeance, se posa en chérif et prédicateur de la guerre sainte.

J'étais au camp de Beinam lorsque, le 23 mai, j'appris

____

(1) Administration du Gouvernement.

par lettre officielle l'attitude qu'avait prise Bouzian et l'échec qu'avait subi le sous-lieutenant Seroka de la Légion étrangère, en voulant arrêter ce perturbateur.

Ce jeune officier, fort intelligent et prompt à prendre l'initiative, était en tournée avec mission de reconnaître l'esprit des habitants des oasis. Il avait avec lui six cavaliers de la Nouba (1) et deux spahis. Dès le 16 mai, il écrivait au chef du Bureau arabe de Biskra :

« On parle d'un individu de Zaatcha qui commence à se poser en chérif. Il tue, tous les jours, des moutons et en fait faire de grandes distributions; il affirme que le Prophète lui est apparu. »

D'Aumach, il écrivait le même soir :

« On continue à causer du chérif de Zaatcha. Il a annoncé que la véracité de l'apparition du Prophète serait certifiée par quelques signes célestes. En effet, Dieu, ou plutôt le Prophète est venu serrer sa main et sa main est demeurée toute verte. C'est ainsi que commencent tous les chérifs, ridicules d'abord, puis sérieux. »

Le 17, à Ziouach, le cheick tout effaré lui dit que les gens ne voulaient plus lui obéir, refusaient de préparer la diffa et prétendaient que le pouvoir des Français allait être aboli, etc... M. Sekora fit saisir les deux plus mutins, les emmena prisonniers et rétablit l'ordre.

Mais plus il approchait de Zaatcha, plus les symptômes de rébellion se confirmaient. N'ayant pas reçu de nouvelles instructions, mais ayant reçu l'ordre d'arrêter les perturbateurs, il se décida d'aller à Zaatcha et de saisir Bouzian.

Il arriva dans le village, aperçut le chérif sur la place et lui ordonna de monter sur le mulet que son escorte avait amené. Bouzian brisa les grains de son chapelet et se mit à en ramasser les grains pour gagner du temps. M. Sekora, nullement dupe de cette ruse, donne l'ordre aux deux spahis de descendre de cheval et de le hisser sur le mulet. Il commençait à s'y placer lorsque les gens de Zaatcha se

---

(1) Cavaliers employés par les officiers des bureaux arabes.

mirent à crier : « Aux armes » et fermèrent les portes du village. Le cheik Bou-Azous, parent de Bouzian, tira sur l'officier tandis que le perturbateur tirait un coup de pistolet sur les spahis et s'échappait. M. Seroka et ses cavaliers purent cependant forcer la porte et sortir salués de coups de fusil, mais heureusement sans être atteints.

Le lieutenant Dubosquet avec vingt spahis et trente cavaliers du goum de Zaatcha vint de Biskra sommer les habitants de lui livrer Bouzian. Les menaces furent infructueuses et il dut se retirer devant l'attitude de la population qu'appuyaient les Arabes des oasis voisines.

Ces deux échecs mirent Bouzian en relief. Il devint le chef des rebelles auxquels il déclara que le Prophète lui était de nouveau apparu et lui avait dit : « Le règne de l'impie est fini et celui des vrais croyants va commencer. »

Cet acte de rébellion était un fait d'autant plus grave que, n'ayant pu être immédiatement réprimé, il était à craindre qu'il ne s'étendît d'abord à toutes les oasis de Zab-Dahari et ensuite à toutes celles du Zab-Guebli. On prit donc des dispositions pour qu'il restât concentré dans le groupe formé par Farfar, Zaatcha et Lichana. Un blocus qui devait priver les rebelles de toute communication extérieure fut établi. Cette mission fut donnée au cheik El-Arab et à ses Daouda qui devaient faire des patrouilles continuelles, intercepter les routes, en un mot les isoler.

Cette mesure de répression qui eût pu réussir n'eut aucun succès, car El-Arab inspirait peu de confiance aux siens, n'avait aucune influence et manquait d'autorité et de prestige.

En ce moment, nous avions à réprimer l'insurrection des montagnes de Collo. Il nous était impossible d'envoyer des troupes vers le sud, d'autant plus qu'il fallait avant tout soumettre les rebelles du nord de la province où une grande partie des intérêts européens étaient concentrés. On s'occuperait ensuite d'en finir avec les embarras du sud. Il fut donc recommandé aux officiers du Bureau arabe de Biskra d'agir avec la plus grande prudence, afin de ne pas envenimer la situation déjà compromise.

Ces officiers suivirent exactement les instructions données. Ils firent preuve de zèle, de dévouement et d'un grand esprit de conciliation. Par leur conduite ferme, réservée, par leur politique bien entendue, ils surent conserver le prestige de l'autorité française et s'ils n'ont pas arrêté l'insurrection, ils en ont du moins ralenti les progrès, ce qui était alors de la plus grande importance.

Néanmoins, il fallait en finir. Dès que le calme eut été installé dans le Nord, je renvoyai à Biskra le commandant de Saint-Germain qui se trouvait au camp de Bedaria avec moi en lui promettant de lui envoyer le nombre de troupes qu'il jugerait nécessaires. Cet officier, très au courant des affaires de son Cercle, pensait que l'heureuse issue de l'expédition de la Kabylie contribuerait à ramener les Zibans dans le devoir et que la révolte serait facilement étouffée. Malheureusement, les événements trompèrent ses prévisions.

Je venais de dissoudre la colonne qui avait opéré dans les montagnes de Collo, quand le commandant de la subdivision de Batna m'annonça que les Ouled-Sahnoun s'étaient révoltés et qu'au nombre de 800 cavaliers et 400 fantassins, ils s'étaient rués sur la Smala du khalifat Si-Mokran (1). Cette incursion avait donné lieu à un véritable combat à Oued-Berika et les Ouled-Sahnoun, près de remporter un réel succès, n'avaient été repoussés que grâce à l'intervention d'un détachement de la Légion étrangère.

Cette fois-ci ce n'était plus une simple agitation, mais une prise d'armes préméditée, appuyée par les nombreux mécontents des tribus voisines et dont le Khalifat avait été prévenu assez à temps pour avoir pu appeler des renforts auprès de lui.

Je dirigeai immédiatement des troupes sur Batna et Biskra qui, devant se réunir à d'autres venant de Sétif, formeraient une colonne sous les ordres du colonel Carbuccia, lequel marcherait d'abord contre la tribu rebelle, puis

____

(1) Si-Mokran avait été investi par nous du commandement du Hodna en 1844.

se rendrait à Zaatcha pour détruire, s'il y avait possibilité, le foyer de toutes ces agitations.

Pressant sa marche, le colonel tomba le 9 juillet avant le jour, à Metkouak sur le camp des Ouled-Sahnoun, tomba comme la foudre sur cette grande tribu, et lui infligea une terrible leçon. Les Ouled-Sahnoun, gens très redoutés de leurs voisins, furent très longtemps à se remettre de ce coup frappé hardiment.

Sans perdre de temps, et malgré la chaleur excessive, Carbuccia se dirigea immédiatement sur Zaatcha. Je lui avais recommandé de montrer de la prudence, d'accepter pour le moment toutes les soumissions plus ou moins sincères qui lui avaient été offertes et d'accorder largement l'aman plutôt que de s'exposer à un échec. Il me répondit, à la date du 14 juillet :

« Que toutes les précautions étaient prises pour éviter les pertes douloureuses, qu'il n'y avait à traiter avec le Zab-Dahari qu'à merci et sans condition..., que force nous resterait et qu'on se souviendrait, dans deux cents ans, des terribles effets de notre vengeance. »

Cette lettre me fut remise lorsque la colonne était déjà devant Zaatcha, où elle était arrivée le 16 au matin.

Se voyant entouré de tribus hostiles et apprenant que la guerre sainte était décidée, le colonel comptant sur le prestige de nos armes, sur l'enthousiasme qui animait nos troupes et sur la valeur des officiers, crut que le meilleur moyen de s'en tirer était de lancer une attaque de vive force, une retraite sans combattre n'étant d'ailleurs pas sans danger.

Mais, malgré la vaillance de ses deux colonnes d'attaque et de l'entrain montré par tous, il fut arrêté par des obstacles qu'il ne put franchir et, après maints efforts infructueux, force fut de se retirer. Cette affaire qui fit le plus grand honneur à nos troupes, et où nos commandants Lenoir et Saint-Germain, les capitaines Bataille et Lagrénée, le sous-lieutenant Seroka se distinguèrent tout spécialement, n'en eut pas moins un fâcheux retentissement et confirma dans l'esprit des habitants que Zaatcha était imprenable. Le prestige de Bouzian s'en accrut. Le Zab-Dahari se déclara tout entier contre nous, les Ouled-Naïl entraînèrent avec eux les oasis de Sidi-Kraled et des Ouled-Djellah; Si-Moctar, le marabout ami de Bou-Maze, prêcha la guerre sainte et fut suivi par les Ouled-Sassi. Tout le Sud était en feu.

Je demandai alors des renforts au Gouverneur et provoquai ses ordres pour aller rétablir la paix et l'ordre dans ce pays bouleversé, mais, vu les chaleurs, il fallut remettre les opérations à l'automne. Ce retard rendit les Arabes plus audacieux, car ils y virent un indice de notre faiblesse.

Un nommé Ben-Djoudi, ancien cheik des Ouled-Zian, parcourut la longue vallée de l'Oued-Abdi en excitant les habitants et ceux-ci l'ayant mis à leur tête, tombèrent sur la Smala de leur caïd, Sidi-ben-Abbès, établie à Oued-Traga. Le jeune caïd n'eut que le temps de s'enfuir.

D'autre part, les Chaouias, se groupant autour du marabout Abd-el-Afid, et auquel se joignirent des contingents des Ouled-Daoud, des Ouled-Abdi et de diverses autres tribus, descendirent dans la plaine du Zab-Chergui et marchèrent sur Biskra. Mais le commandant de Saint-Germain, à l'Oued-Seriana, à 7 lieues de Biskra, leur infligea une sanglante défaite; Abd-el-Afid se sauva à demi-nu; Bouzian qui voulait le rejoindre, retourna promptement se renfermer dans Zaatcha.

Ce brillant succès fut chèrement acheté par la mort du commandant de Saint-Germain qui fut tué raide d'une balle dans la tête pendant la charge qu'il avait enlevée lui-même avec le plus grand élan. Il fut vivement regretté et il le méritait, car cet officier avait un noble cœur et le feu sacré du métier. C'était un esprit merveilleusement organisé et un véritable héros.

Les oasis ne furent pas toutefois ramenés à la soumission et l'esprit de révolte continua de régner. Il fallait absolument, pour rétablir l'ordre, détruire le foyer de l'insurrection; il fallait abattre Zaatcha. Là était Bouzian, le principal auteur de tous les mouvements hostiles, qui, continuant son rôle d'inspiré et de visionnaire, ranimait l'esprit des faibles, surexcitait les exaltés et encourageait les habitants des oasis à persévérer dans la résistance qui devait à la longue les délivrer de leurs oppresseurs.

Je demandai de nouveau des troupes au Gouverneur et j'insistai sur la nécessité de me donner les moyens d'abattre cette insurrection qui menaçait de s'étendre sur toute la province. Enfin, des renforts me furent annoncés et je pus prendre mes dispositions pour me rendre dans le Sahara.

CHAPITRE XV

Départ de la colonne. — Arrivée devant Zaatcha le 7 octobre 1849. — Prise de la Zaouia. — Description du village. — Assaut infructueux du 20 octobre. — Séjour au camp et départ du prince Pierre Bonaparte (octobre 1849).

L'effectif des troupes dont je disposais dans la Province n'était point en rapport avec toutes les difficultés du moment. C'est ce dont le général Charron, gouverneur général, ne voulait pas se rendre suffisamment compte. Il m'avait bien prescrit « d'être le plus fort possible pour obtenir à Zaatcha des résultats significatifs en infligeant à ce pays un châtiment exemplaire, seul moyen de faire rentrer les oasis rebelles dans l'ordre ». Pour ce faire, il m'eût fallu une très forte colonne capable de frapper un coup prompt et décisif, mais je n'aurais pu réunir celle-ci qu'en prenant jusqu'au dernier homme de toutes les troupes de la province; or, la situation politique était telle qu'il eût été peu prudent de laisser Constantine et Philippeville surtout sans moyen de protection et de répression.

Je ne pus donc former qu'une colonne de 3.306 hommes, y compris le 5ᵉ bataillon de chasseurs annoncé d'Alger et devant débarquer à Stora du 18 au 20 septembre. Elle devait être renforcée des troupes de Batna et de Biskra et augmentée de celles que commandait le colonel de Barral, composées de la garnison de Sétif et de 400 zouaves du 1ᵉʳ régiment venu d'Alger.

J'arrivai le 28 septembre à Batna où les troupes du Constantine étaient arivées le 24 avec le colonel Dumontel du 43ᵉ de ligne et j'étais escorté par tous les caïds, chérifs et grands de toutes les tribus de Tell qui avoisinaient la route.

A Batna, tous ceux au milieu desquels j'avais vécu jusqu'en 1848, vinrent me témoigner leur gratitude et m'assurer de leur fidélité. Ils furent sincères et pendant tout le cours du siège de Zaatcha répondirent à la confiance que j'avais mise en eux.

Le 2 octobre, je quittai Batna et atteignis Biskra le 4 octobre. Je pris des mesures pour assurer les mouvements de transports pendant l'opération et installer les ambulances et hôpitaux nécessaires et me remis en route avec une partie de la Légion étrangère, ce qui porta l'effectif de la colonne à 4.493 hommes. Le 7, à 8 heures du matin, nous arrivions devant Zaatcha et le camp fut établi au pied de Condiat-el-Meida.

Cette colline, en partie couverte de sable, fait face aux oasis de Lichana et de Zaatcha, commande le pays aussi loin que la vue peut porter et est située à 500 mètres de la Zaouïa, groupe de maisons que domine un minaret assez élevé.

Après un examen du pays, reconnaissant l'impossibilité, avec les 4.493 hommes que j'avais, d'investir toute l'oasis dont le périmètre avait plus de 12 kilomètres, je décidai que nos efforts devaient se porter sur un seul point et que le dépôt de tranchée serait à la Zaouïa dont il convenait de s'emparer immédiatement. A midi, les ordres furent donnés et le soir le drapeau tricolore flottait sur le haut du minaret.

Zaatcha ressemblait à une petite place du Moyen Age : des tours carrées s'élevaient de distance en distance, reliées par des maisons percées de petits créneaux triangulaires destinés à faciliter la dessiccation des dattes par l'introduction de l'air extérieur, et les habitants s'en servaient contre nous comme de meurtrières. Un chemin de ronde bordait un fossé plein d'eau de 6 à 8 mètres de largeur sur 80 centimètres à 1 m. 20 de profondeur, qui entourait entièrement le village, dans lequel on entrait du côté de l'ouest par une grande porte, précédée d'un pont en pierres. Les maisons communiquaient entre elles par des terrasses; l'entrée en était très basse, il fallait se plier en deux pour y pénétrer. Les rues étaient très étroites.

Les travaux d'approche furent poussés le plus activement possible, mais les circonstances imposèrent de tenter l'assaut avant qu'ils ne fussent suffisamment avancés.

Sans tenir compte de toutes les difficultés que j'eus à surmonter pour soumettre le village de Zaatcha et les oasis du Dahari, certains reproches me furent faits au sujet de l'assaut du 20 octobre. Ne connaissant nullement la position critique dans laquelle je me trouvais, des militaires éloignés des opérations, et même beaucoup de ceux qui campaient avec moi, ne virent dans cette attaque de vive force qu'imprudence et me jugèrent d'après leurs idées arrêtées, qui ne pouvaient s'étendre au delà du rayon de leur sphère. C'est ce qui arrive d'ailleurs dans les situations difficiles, c'est alors que les subordonnés deviennent hardis et discoureurs; ils blâment le chef et ont des avis.

Arrivé le 7 octobre devant l'oasis de Zaatcha, avec la persuasion que les habitants ne résisteraient pas à nos armes, nous fûmes tous frappés de les voir tenaces et persévérants dans la défense et audacieux dans leurs attaques. Pour les vaincre, nous fûmes donc forcés de faire un siège sans avoir les matériaux et même les munitions nécessaires. A compter du 7 au soir, après la prise de la Zaouïa, les travaux commencèrent par l'envahissement de quelques jardins et la construction d'une batterie.

Nos travaux furent exécutés avec toute l'activité possible, malgré les sorties fréquentes exécutées par les Arabes. Nous étions arrivés au 20 octobre sans qu'on les crût assez avancés pour essayer un assaut; cependant, deux jours avant cette date, d'après les rapports des officiers du génie et de l'artillerie, on présumait que bientôt je prendrais toutes les dispositions pour en finir.

Les opérations du siège qui se prolongeaient au delà de toute prévision, et le fait que Bouzian publiait partout, par le moyen de ses émissaires, que les chrétiens ne ren-

treraient pas plus dans Zaatcha que dans la Mecque, firent
fermenter l'esprit de rebellion parmi les Arabes.

Ceux de la subdivision de Batna commencèrent à se
mettre dans le mouvement insurrectionnel; Bouçada se
révolta et attaqua la faible garnison laissée dans cette
place. J'appris en même temps que les Ali-ben-Sabors du
caïdat Si-Moctar avaient assassiné cinq bûcherons français.

Avis m'était donné en même temps par les caïds de
Belesma que les nomades étaient dans l'intention de forcer
le passage du Tell dans le Sahara, qu'Abd-el-Afid qui,
depuis sa défaite à l'Oued Seriana, s'était retiré dans une
montagne de l'Aurès, réunissait de nombreux contingents;
enfin le caïd Ben-Chenouf m'apprenait que Hamed-ben-
Hadji, ancien kalifat d'Abd-el-Kader, se disposait à rentrer dans le Ziban et que déjà, à Sidi-Okba, son parti
intriguait pour lui.

Tout me faisait donc pressentir l'insurrection entière de
la subdivision de Batna, par suite, la route de cette localité à Biskra serait coupée et le transport des vivres et des
munitions deviendrait difficile, sinon impossible.

Je me déterminai donc à tenter l'assaut. A cet effet, je
réunis dans le gourbi du major de tranchées, le chef d'État-
major, les chefs de corps, le colonel d'artillerie, les deux
capitaines du génie chargés des travaux. Après leur avoir
expliqué en peu de mots la situation de la province, je
demandai au colonel d'artillerie et aux deux officiers du
génie s'ils croyaient que les deux brèches faites fussent
praticables; ils me répondirent affirmativement. Cependant
dant malgré cette affirmation, je fis observer que le passage du fossé à droite ne me paraissait pas bien sûr. L'officier du génie me donna l'assurance que, le lendemain matin,
tout serait disposé pour faciliter ce passage qui me causait
une certaine appréhension (la suite prouva que cette inquiétude était bien fondée). Après cette assertion et le
désir manifesté par les chefs de corps qui ne doutaient pas
du succès, je me décidai à donner mes ordres pour l'assaut.

Deux colonnes furent formées : celle de gauche, sous le commandement du colonel Carbuccia, celle de droite sous celui du colonel Dumontet. Le commandant Bourbaki, avec son bataillon de tirailleurs indigènes, trois compagnies du 5e chasseurs et le bataillon d'Afrique, fut chargé de faire un envahissement provisoire, c'est-à-dire d'envelopper Zaatcha, d'empêcher toute communication avec Lichana. Le colonel de Mirbeck, avec sa cavalerie, devait parcourir les alentours de l'oasis pour surveiller les gens de Tolga ; le colonel de Barral, du 38e de ligne, prenait le commandement du camp et avait pour mission de tenir en respect les gens du Zab-Dahari, qui sans doute chercheraient à nous inquiéter.

Le 20 octobre donc, à 6 heures du matin, l'artillerie augmente l'intensité de son feu et, à 6 h. 30, je fais sonner la charge.

A ce signal, répété par les deux colonnes, celle de gauche renverse le masque qui couvre le débouché ; deux compagnies d'élite du 2e régiment de la Légion étrangère avec le capitaine Padro s'élancent vers la brèche et, malgré un feu très nourri, se précipitent sur les décombres. Mais, une vingtaine d'hommes sont à peine parvenus à s'établir dans un restant de tour, que celle-ci s'écroule, engloutissant la plus grande partie des combattants sous ses débris. Pressées de tous côtés, les deux compagnies reviennent en arrière, poursuivies par l'ennemi qu'une compagnie du 5e chasseurs arrête à la tête de sape.

Je m'étais placé au cavalier de tranchée pour être à même de surveiller les deux attaques et faciliter l'envoi des ordres, lorsque je vis le colonel Carbuccia venant m'annoncer l'échec de ses deux compagnies. Je me transportai immédiatement dans la tranchée avec le capitaine Lebœuf, mon officier d'ordonnance, et mon chef d'État-major Bretizel. Au premier coup d'œil, je vis qu'il n'était pas prudent de pousser un nouvel assaut et je donnai l'ordre de rétablir les sacs à terre ainsi que le masque.

Pendant ce temps, le brave 43e faisait des efforts inouïs

pour franchir le fossé qui avait 8 mètres de large et 1 m. 20 de profondeur. Le capitaine Graillet, du génie, avait organisé une passerelle au moyen d'une charrette; mais celle-ci tourna en descendant dans le fossé et ne fut d'aucune utilité pour le passage.

Bravement, le capitaine Graillet et le sergent-major Ribes se jettent à l'eau pour chercher un passage guéable; ils le trouvèrent rapidement, et les grenadiers du 43ᵉ avec la section du génie, se précipitent dans l'eau, gravissant l'escarpe devenue très glissante, et s'établissent sur une berge de 2 mètres de largeur. Le feu très violent n'arrête pas ces braves gens qui redoublent d'efforts pour passer plus avant. Après avoir mis la gauche à l'abri d'une surprise de la part des Arabes, j'étais venu à l'attaque de droite. Un instant je crus que le 43ᵉ allait réussir; mais je me rendis bientôt compte que sa ténacité et sa bravoure s'épuiseraient inutilement devant les obstacles qui se dressaient devant lui. Une compagnie du 1ᵉʳ zouaves vint protéger la retraite de ces hardis soldats qui s'exécuta avec le plus grand calme. Aussitôt que ce mouvement eut été exécuté, je rétablis les troupes dans les lignes.

Tandis que cela se passait, le commandant Bourbaki avait fait l'investissement provisoire avec beaucoup d'intelligence; en attaquant les gens de Lichana qui voulaient se porter au secours de Zaatcha, il les mit en déroute. De son côté, le colonel de Mirbeck avait empêché les gens de Tolga d'intervenir.

Cette affaire était un échec. J'avais eu le tort en particulier, malgré mon idée que la brèche de droite n'était pas praticable, de m'en rapporter beaucoup trop à l'officier du génie qui m'avait persuadé pouvoir franchir le fossé avec des moyens artificiels.

On m'a reproché aussi plus tard de n'avoir pas employé assez de troupes. Mais, ne connaissant pas les issues de ce bordj, comme le canon n'avait causé de ravages que sur les premières maisons, il n'était pas prudent d'agglomérer une quantité considérable de troupes sur des points de passage très étroits. Leurs masses auraient été exposées de façon trop vulnérable aux coups des Arabes. En outre, j'avais à me protéger des attaques de l'extérieur et je devais garder assez de monde pour y faire face.

Aussitôt que les troupes furent rentrées, je réunis de nouveau tous les chefs de corps. Je leur dis que je ne m'abusais pas sur les conséquences de cette défaite; je leur fis connaître que les vivres diminuaient et que les munitions allaient nous manquer.

Je leur démontrais qu'avec le peu de troupes que j'avais je ne pouvais investir entièrement Zaatcha; que par suite des travaux et des gardes, je me voyais forcé d'abandonner quelques jardins pour resserrer mes lignes; que, pour diminuer les fatigues, j'avais pensé à établir le camp au milieu des dattiers, mais que j'en avais reconnu l'impossibilité, car le terrain humide, l'encombrement des troupes auraient pour résultat l'accroissement des maladies qui déjà nous atteignaient.

Tous furent d'avis d'abandonner quelques jardins et de resserrer nos lignes et tous, *moins un*, partagèrent mon avis de ne pas abandonner le siège de Zaatcha, de demander des vivres et des munitions et de pousser plus que jamais les travaux du siège.

Le colonel Carbuccia fut le seul d'un avis contraire; non seulement il m'engagea à lever le siège, mais voyant qu'il ne pouvait obtenir de moi une pareille faiblesse, il chercha à m'influencer par mon officier d'ordonnance.

La conduite de cet officier supérieur, d'une incontestable bravoure, provenait de sa crainte de me voir réussir là où il avait échoué le 16 juillet. Cette insistance de sa part me dessilla les yeux et je ne pus voir en lui que de mauvaises intentions, d'autant plus que j'appris que, dans un dîner, il n'avait pas craint de se réjouir de mon échec du 20 octobre.

Comme je le pensais, cet insuccès compliqua ma situation, mais, plus elle devenait difficile, et plus je pris la ferme résolution de vaincre les obstacles; je me décidai à mettre toute la patience et la ténacité qu'exigeaient les opérations aussi compliquées, qui étaient la suite et la conséquence de l'échec subi et de la rébellion des tribus qui étaient sur nos derrières.

Quelques jours après cet assaut, arriva au camp le prince Pierre Bonaparte. Son court séjour, la conduite qu'il a tenue et son départ précipité sont choses peu connues et qui ont donné lieu à une foule de commentaires. Les uns ont vu une lâcheté dans son désir de rentrer à Paris et dans sa persistance à quitter la colonne expéditionnaire; d'autres ont considéré sa conduite comme peu réfléchie et peu conforme au grade qu'il avait. On l'a donc jugé sévèrement et M. le ministre d'Hautpoul, en l'interpellant à la tribune, a donné une grande importance à un fait qui, provenait surtout de la situation assez fausse dans laquelle on avait placé ce commandant.

Certes, on aurait pu éviter tout retentissement en agissant avec modération et en me consultant; mais, en 1849, la question politique était loin d'être éclaircie, et comme une grande partie de la Chambre était opposée au président Louis Napoléon, il est possible que M. le ministre d'Hautpoul n'ait pas été fâché de frapper sur Pierre Bonaparte que l'opinion avancée, vraie ou fausse, avait placé du côté de la Montagne. Le ministre a, par son apostrophe, jeté le ridicule sur un homme qui, probablement, n'avait pas cru être lié au service au point d'y rester envers et contre tout. Du moins, d'après ce que j'ai pu comprendre, Pierre Bonaparte était venu en Afrique en croyant n'assister qu'à une expédition de quelques jours, et le siège de Zaatcha se prolongeant au delà de toute prévision, il a pensé que son service n'était pas tel qu'il ne pût le quitter.

Son arrivée au camp m'avait été annoncée par le Gouverneur, qui me prévenait que Pierre Bonaparte serait placé à la Légion étrangère comme commandant au titre étranger. Le bataillon qui lui était destiné lui fut remis et le colonel Carbuccia fut de suite aux petits soins pour lui. Ce fut un malheur pour le commandant d'avoir pour chef cet homme fort ambitieux, intrigant par caractère et d'une souplesse à toute épreuve. Il ne vit dans Pierre Bonaparte qu'un instrument qui pourrait servir à son avancement et agit en conséquence; malheureusement, il eut assez d'influence sur lui pour lui faire prendre le parti de quitter le siège avant la fin des opérations.

A peine installé dans sa tente, le Prince prit son service avec zèle. Dès le lendemain, il fut de tranchée et remplit son devoir avec goût. Ses allures de chasseur, sa ressemblance avec le grand homme, son oncle, lui attirèrent bientôt l'affection de la plus grande partie des officiers de la colonne, et le 25 octobre il prouva par le courage qu'il était digne du grand nom qu'il portait.

La ténacité, le fanatisme des Arabes, leur défense opiniâtre aidée par les nombreux contingents qu'ils recevaient journellement m'avaient engagé, malgré ma répugnance, à abattre leurs palmiers, persuadé qu'en les prenant par l'intérêt j'arriverais à leur faire demander l'aman. Le 25 octobre, le colonel Carbuccia reçut l'ordre d'abattre des palmiers qui appartenaient à l'oasis de Lichana, dont les habitants nous étaient aussi hostiles que ceux de Zaatcha.

A 7 heures du matin, 200 hommes de la Légion étrangère et 200 hommes du bataillon d'Afrique partirent de la tranchée avec le commandant Pierre Bonaparte, sous les ordres du colonel Carbuccia, auquel la plus grande prudence avait été recommandée. Cette troupe se rend dans les jardins qui sont à la tête de l'Oued-Ketby afin de protéger les travailleurs qui devaient abattre les arbres.

Le travail commença sans qu'on fut inquiété, mais peu à peu les Arabes se réunirent, gagnèrent le saillant d'un mur qui s'étend jusqu'à la plaine et qui malheureusement n'avait pas été reconnu. Ils se glissèrent le long de ce mur, débordèrent les travailleurs et les défenseurs, et commencèrent un feu très vif. Surpris par cette attaque imprévue, les hommes de la Légion et du bataillon d'Afrique se retirèrent précipitamment et découvrirent entièrement les travailleurs. Alors, avec 20 grenadiers de la Légion, le commandant Bonaparte arrête le bataillon d'Afrique, rétablit l'ordre, arrache le cadavre d'un soldat des mains des Arabes, tue d'un coup de pistolet le plus audacieux, prend position dans un jardin à 30 mètres du mur occupé et contient l'ennemi.

Comme le nombre des Arabes grossissait et que le colonel demandait qu'on vînt à son secours, je fis partir le 1er bataillon de zouaves et le bataillon de tirailleurs qui repoussèrent les Arabes et permirent à la troupe en fâcheuse posture, de se retirer en bon ordre.

Cette affaire fut mal dirigée, car avant de se porter en avant, il eût fallu reconnaître, c'est ce qui ne fut pas fait. Cette négligence fut cause du commencement de déroute qui eut lieu et ne fut arrêtée que par le sang-froid de Pierre Bonaparte.

Cette affaire lui fit grand honneur et le posa bien dans la colonne expéditionnaire. Mais le colonel Carbuccia ne comprit pas qu'il ne fallait pas exalter outre mesure la conduite de son chef de bataillon et, au lieu de faire ressortir avec tact le mérite de ce fait de guerre, il se mit à crier à haute voix : « Où est le commandant Bonaparte ? Savez-vous que c'est un fier lapin ? Il en a tué sept », et autres paroles semblables qui jetèrent du ridicule sur cet officier supérieur dont la conduite avait été belle et généreuse. Le rapport que fit le colonel fut aussi exagéré que ses paroles, et je dus faire supprimer par mon chef d'État-major tout ce qui pouvait prêter à la médisance.

Après sa rentrée au camp, le commandant Bonaparte était venu me trouver. Il me rendit compte de l'affaire en des termes très modérés, et je le félicitai de sa belle conduite.

Le soir même, tandis que je me reposais devant ma tente, le colonel Carbuccia vint me trouver pour me dire que Pierre Bonaparte avait un courage bouillant qui l'exposait à chaque instant, que sa mort serait un malheur affreux, et qu'il serait prudent de le renvoyer en France. Soit que je fusse absorbé par tout ce qui se passait autour de moi, soit que j'attachasse peu d'importance à ces dires, je répondis : « Nous verrons, vous m'en parlerez de nouveau. »

Le 27, je trouvai le commandant dans sa tranchée ; les paroles de Carbuccia me revinrent en mémoire, et j'emmenai Pierre Bonaparte dans le gourbi du major de tran-

chées. Je lui demandai s'il était dans l'intention de quitter
la colonne avant la fin des opérations. Il me répondit affirmativement. Je lui fis quelques observations et l'invitai
à venir déjeuner avec moi le lendemain en lui disant :
« Réfléchissez. »

De retour au camp, je fis part à mon chef d'État-Major
et au colonel de Barral des intentions du commandant
Bonaparte; ils me dirent sans hésiter que ce départ cause-
rait le plus piteux effet, et ne me cachèrent pas que les
officiers accusaient le colonel Carbuccia de pousser le Prince
à ce départ pour Paris par intérêt personnel.

Le lendemain, après déjeuner, je fis entrer mon convive
dans ma tente. Je lui dis la fâcheuse impression que pro-
duirait son départ; je lui offris même de le prendre à
mon état-major. Il me répondit que son parti était irrévocablement pris, que sa présence à Paris était de la plus
grande nécessité, qu'étant représentant du peuple son
devoir était de siéger à la Chambre, qu'on n'avait pas fait
a son égard ce qui lui avait été promis, et que d'ailleurs
la partie militaire n'était pas la carrière qu'il voulait em-
brasser. Je l'invitai encore à réfléchir et il me quitta.

Quelques moments après, il revint chez moi avec un
papier à la main et m'assura qu'il ne pouvait en aucune
manière rester plus longtemps au camp.

Voyant que je ne pouvais le persuader, voulant éviter
les quolibets et mettre le grand nom de Napoléon à l'abri
du ridicule, je pensai que le moyen le plus sûr de conserver
au moins les apparences était de donner une mission au
commandant Bonaparte. Je lui prescrivis donc de se rendre
à Alger près du Gouverneur pour lui faire part de mes
embarras, des grandes difficultés que j'avais à surmonter,
et le prier de m'envoyer le plus tôt possible des renforts
de troupes.

Il était tellement désireux de partir qu'il voulait se
mettre en route le soir même, et ce n'est qu'après mon
observation qu'il serait imprudent de voyager sans escorte
qu'il se décida à attendre le départ du premier convoi avec
lequel il devait gagner Biskra et ensuite Constantine.

À son arrivée à Philippeville, il m'écrivit, à la date du 6 novembre, la lettre suivante :

Philippeville, 6 novembre 1849.

Mon Général,

J'air encontré en route les renforts que vous envoient M. le Gouverneur général et M. le général de Salles. M. le général de Salles m'a assuré en outre que M. le colonel Canrobert, qui est mis à votre disposition, est allé vous rejoindre avec 3.000 hommes.

J'ai écrit à M. le Gouverneur général que les opérations devant Zaatcha paraissant devoir se prolonger au delà du terme que j'avais fixé pour ma rentrée à l'Assemblée nationale, j'aurais déjà pris la résolution de retourner à mon poste lorsque vous avez bien voulu me confier une mission pour lui.

L'objet principal de cette mission étant naturellement rempli par l'envoi des renforts supérieurs au chiffre que vous jugiez indispensable pour réduire Zaatcha par l'investissement, j'ai résolu de retourner directement en France pour éviter une double traversée, et surtout pour être plus tôt à l'Assemblée où la scission de la majorité annonce des complications qui pourraient devenir graves.

Votre dépêche sera remise à M. le Gouverneur général par l'ordonnance fidèle qu'il avait attaché à ma personne et que j'ai fait partir ce matin pour Alger.

Je pars après-demain pour Marseille et je regrette qu'une foule de considérations qu'il serait oiseux d'énumérer toutes ne m'aient pas permis de prendre part plus longtemps aux travaux d'une colonne dont j'ai été à même d'apprécier tout le courageux dévouement et que vous commandez si dignement.

J'aurai l'honneur, mon Général, de vous écrire dès mon arrivée à Paris et de vous donner des nouvelles de votre fils dont je me propose de faire sans retard la connaissance.

Veuillez agréer, je vous prie, mon Général, l'expression de mes respects et celle de la vive sympathie que vous m'avez inspirée. Vétéran de Waterloo, je m'honorerai toujours d'avoir servi, bien que peu de temps, sous vos ordres et je vous conserverai inviolablement les sentiments les plus dévoués.

P. N. BONAPARTE,
Représentant du Peuple.

Voici les faits dans toute leur simplicité.

CHAPITRE XVI

Siège de Zaatcha (suite). — Affaire de Tolga (30 octobre).
— Arrivée du colonel Canrobert (8 novembre). — Le
choléra apparaît. — Arrivée du lieutenant-colonel de
Lourmel (15 novembre). — Affaire d'Ourbal (16 novembre). — Assaut du 26 novembre et prise de Zaatcha. — Exécution de Bouzian. — Soumission des tribus.
— Retour à Constantine.

Pendant le siège de Zaatcha, des patrouilles de cavalerie étaient envoyées journellement pour surveiller les
habitants des oasis de Farfar et principalement de Tolga
qui prêtaient aide et secours à ceux de Zaatcha. Ces patrouilles, quoique conduites avec intelligence, ne pouvaient
arrêter ni surprendre les nombreux contingents qui, tous
les soirs, venaient renforcer les défenseurs de leur village,
et dont la venue nous était signalée par les cris des femmes,
l'aboiement des chiens et les nombreux coups de fusils
tirés sur les avant-postes et les gardes de tranchée.

Le 30 octobre, comme d'habitude, j'envoyai mes patrouilles faire une reconnaissance sur Farfar et Tolga. A
peine arrivées à la hauteur de ces deux oasis, elles furent
vigoureusement attaquées par une nuée de cavaliers et je
dus faire sortir toute ma cavalerie pour les dégager et leur
ménager une retraite assurée. Ces cavaliers ennemis étaient
les nomades qui avaient forcé les passages du Tell au
Sahara pour se joindre aux Arabes du Sahara.

Me fiant de moins en moins à la bonne foi des indigènes, j'avais ordonné de maintenir les nomades dans le
Tell jusqu'à la fin des opérations du siège. Mais les caïds
de Belesma et des Ouled-Soltan n'étant point obéis par
leurs tribus ne purent leur interdire le passage et à peine
arrivés dans le Sahara, ces nomades tournèrent leurs armes

contre nous. Je n'en fus pas étonné et le cheik El-Arab qui était à mon camp, n'ayant aucune influence sur eux n'essaya même pas d'engager des pourparlers avec eux pour les ramener au devoir. Aussi, à partir de ce jour, nos adversaires se trouvèrent-ils renforcés par une nombreuse et bonne cavalerie qui devait inquiéter nos convois et rendre notre tâche encore plus difficile.

Le 31 octobre, voulant m'assurer par moi-même des forces des nomades, je sortis du camp avec 200 chevaux, seule cavalerie que je possédais, M. le colonel de Mirbeck ayant été envoyé avec la majeure partie de ses troupes sur la route de El-Outaia à Biskra pour faciliter l'arrivée des convois de vivres et de munitions que j'attendais. Je pris avec moi aussi deux compagnies du 5e chasseurs à pied et deux obusiers de montagne. Avec cette petite colonne, je marchai sur l'oasis de Tolga, quand à peine arrivé en vue de cette forêt de palmiers, je vis les Arabes sortir de tous les côtés et en un instant les abords des oasis de Farfar et de Tolga furent couverts de burnous blancs, tandis que des goums nombreux de cavaliers débouchaient par l'intervalle qui sépare les deux oasis. En un instant, je me trouvai en présence de près de 6.000 fantassins dont beaucoup, il est vrai, n'étaient pas armés, et de 800 cavaliers bien montés. C'étaient les nomades qui venaient attaquer mon escorte; en la voyant si faible, ils n'hésitèrent pas à se porter en avant.

Comprenant leur intention de me cerner, je fis prendre position à mes chasseurs et je demandai du renfort. Deux compagnies du 8e de ligne et deux compagnies de la Légion me furent envoyées avec deux obusiers. Je plaçai ces deux obusiers sur le monticule de Sidi-Rouik et j'ordonnai au commandant Le Myre de Villers de charger sur les goums qui étaient les plus avancés pendant que l'artillerie tirerait sur les fantassins qui se tenaient près des oasis. La charge faite avec beaucoup d'à-propos et de hardiesse et le feu d'artillerie calma la fougue de nos agresseurs.

Dès ce moment, ils se tinrent plus éloignés mais n'abandonnèrent pas leur projet de me tourner. Comme je n'avais que très peu de cavalerie et peu de munitions et comme je savais ce que je voulais savoir, je crus prudent de me retirer. Aussitôt qu'ils s'aperçurent de mon mouvement de retraite, les Arabes à pied et à cheval se portèrent rapidement en avant; les goums tournèrent la position de Sidi-Rouik afin de me couper la route, mais un feu bien nourri d'infanterie et une vigoureuse charge de cavalerie dérangea leurs projets. Je continuai ma retraite, m'arrêtant souvent pour faire face à l'ennemi qui me harcelait et savait profiter du plus petit accident de terrain pour me le disputer. J'étais arrivé à 300 mètres du camp sans avoir laissé un seul homme lorsque le chef d'état-major mû par un bon sentiment fit sortir des troupes pour m'appuyer.

Cette journée me coûta 3 tués et 15 blessés, pertes très faibles vu le nombre des Arabes qui nous attaquèrent et qui, d'après les renseignements reçus après, laissèrent 150 hommes sur le terrain.

Cette affaire n'eut que le mérite de la difficulté vaincue. Entourée de tous côtés, la petite colonne manœuvra en retraite avec le plus grand calme, s'arrêtant souvent, faisant face à l'ennemi, exécutant ses feux avec sang-froid sans s'effrayer des nombreux cavaliers qui voltigeaient autour d'elle.

Pendant que j'étais aux prises avec les indigènes de l'extérieur, les habitants de Zaatcha se jetèrent sur les sapes, incendièrent les blindages et cherchèrent à s'emparer de plusieurs jardins; ils furent repoussés en éprouvant des pertes assez sérieuses.

L'arrivée des nomades produisit une grande surexcitation dans toute la région des oasis. Les enfants du Sahara se répandirent au loin, enlevèrent les courriers porteurs de dépêches et inquiétèrent la route du camp à Biskra, si bien qu'il fallut faire escorter les convois par de forts détachements et qu'il fallut même protéger par des éléments de troupes les travailleurs qui allaient chercher le « Chiay », plante fourragère dont se nourrissent les chameaux et qu'il fallait donner, faute d'autre fourrage, aux chevaux et aux mulets.

On devait donc répondre aux exigences d'un service plus que difficile avec un effectif ne dépassant pas 4.716 hommes disponibles, mais en voyant l'abnégation, la patience, l'activité de mes soldats, leur courage et leur dévouement, j'étais sans inquiétude tout en attendant avec impatience les renforts que j'avais demandés.

J'activais les travaux de cheminement vers les mares du Bordj. Les Arabes, par des attaques continuelles, s'efforçaient d'enrayer nos progrès. On luttait donc contre de grandes difficultés, quand le 8 novembre, la colonne du colonel Canrobert arriva de Bouçada. Elle amenait avec elle un troupeau de 3.000 moutons et chèvres qu'elle avait enlevés en route à une tribu révoltée et cette prise distribuée aux troupes répandit un moment de joie parmi elles, car il faut peu de chose au soldat pour lui faire oublier ses privations et ses fatigues.

L'arrivée de Canrobert avec ses 1.210 hommes produisit un très heureux effet et l'entrain du chef, sa confiance furent pour tous un excellent réconfort. « Savez-vous, mon Général, me dit-il en arrivant et après avoir examiné la situation, que ce diable de Zaatcha sera dur à emporter, mais nous l'emporterons. »

Je renvoyai à Biskra le colonel Carbuccia avec le bataillon de la Légion et je fis rentrer au camp toute la cavalerie du colonel de Mirbeck et un bataillon du 43e.

Les opérations du siège furent, dès ce moment, suivies avec plus d'ensemble et je pus augmenter le nombre des travailleurs, tandis que mes cavaliers faisaient repentir les nomades de leur audace par de vigoureuses interventions.

Le choléra fit alors son apparition au camp, mais la colonne supporta cette épreuve avec la plus grande résignation et les chirurgiens Malapert et Doguin furent admirables par les soins qu'ils apportèrent aux malades.

Heureusement qu'au plus fort de cette crise cholérique, le 15 novembre, le lieutenant-colonel de Lourmel, venant de Constantine, nous rejoignit avec deux pièces de 12, un bataillon du 51e de ligne et le 8e bataillon de chasseurs à pied.

J'organisai de suite la colonne en trois petites brigades : la première sous les ordres du colonel de Barral, la deuxième sous ceux du colonel Canrobert et la troisième fut confiée au colonel Dumontet. La cavalerie resta sous le commandement du colonel de Mirbeck, l'artillerie sous celui du lieutenant-colonel Pariset et le génie sous la direction du commandant Le Brettevillois.

Profitant de l'augmentation de mes effectifs, je résolus de frapper un grand coup sur les nomades pour les obliger à se retirer. Ce fut l'affaire d'Ourbal où j'arrivai le 16 novembre au point du jour, avec les colonels de Barral et Canrobert et toute la cavalerie. L'action fut vivement menée et la prise de ce campement important produisit un grand effet. Le soir même, je venais à peine de descendre de cheval, quand les grands des deux fractions les plus importantes des nomades se présentèrent à moi au nom de toutes leurs tribus pour demander l'aman. Je le leur accordai à condition que tous les nomades partiraient immédiatement, qu'ils paieraient une forte amende et enverraient de suite des otages à Biskra. Quelques jours après, les nomades s'étaient retirés et les amendes furent payées aux époques fixées.

Malgré ces succès réitérés, l'envoi de troupes à Biskra et les pertes que nous faisions dans les combats journaliers diminuaient sensiblement l'effectif dans un moment où le génie avait besoin d'un plus grand nombre de travailleurs, à mesure que la ligne d'investissement s'étendait.

De plus, je ne pouvais compter sur de nouveaux renforts, de sorte que la situation journalière des militaires disponibles suivait une progression inverse de l'agrandissement des travaux. Dans ces conditions, je résolus de profiter de l'effet produit sur les populations par la défaite des nomades pour en finir avec Zaatcha.

Après avoir fait percer de nouvelles brèches et activé les travaux de cheminement, je décidai de donner l'assaut le 26 novembre. La veille, voulant m'assurer par moi-même de l'état des brèches et prendre une connaissance exacte des points qui pourraient offrir le plus de difficultés, j'allai dans le dernier jardin de l'extrémité de l'attaque de droite, avec le colonel de Bretizel, mon chef d'état-major et deux officiers. Je me fis rendre compte par un Arabe du pays de l'emplacement des maisons de Bouzian et du cheik Bou-Azouz. Le colonel Canrobert, qui survint, me demanda des renseignements sur ces deux habitations qui avaient des murs très épais et l'aspect de réduits fortifiés. Je lui dis que ce serait là sans aucun doute que se réfugieraient les plus exaltés et que ce serait la position la plus difficile à emporter. Il me pria alors, si je n'avais rien encore décidé, de lui donner le commandement des troupes désignées pour monter à l'assaut de ce côté. Je fus heureux de pouvoir lui répondre affirmativement.

Trois colonnes furent formées dont le commandement fut donné aux colonels Canrobert et de Barral et au lieutenant-colonel de Lourmel, le colonel Dumontet étant de tranchée. Le commandant Bourbaki fut chargé de l'investissement provisoire de la place et le colonel de Mirbeck, avec sa cavalerie, surveillait les oasis.

Le 26 novembre donc, dès le point du jour, l'artillerie ouvrit un feu très vif sur les brèches et le commandant Bourbaki effectua son mouvement vers la face ouest du village pour prendre position dans les jardins, entre les extrémités de droite et de gauche des deux attaques. Je m'étais placé en cavalier de tranchée, près de la batterie Besse, au centre des attaques.

A 8 heures du matin, trois notes de clairon vivement répétées m'ayant prévenu que le mouvement de Bourbaki était terminé, je fis sonner la charge. Aussitôt les sapeurs du génie dégagent les abords du fossé et les trois colonnes précédées par leurs chefs, s'élancent avec le plus grand enthousiasme sur les brèches au bruit de tous les tambours et clairons de la colonne expéditionnaire.

A droite, le colonel Canrobert gravit audacieusement les pentes de la brèche. 4 officiers et 15 zouaves l'accompagnent en tête de sa colonne; foudroyés par un feu violent, 2 officiers et 13 hommes tombent. Les zouaves qui marchent sur leurs traces se portent en avant, gagnent les terrasses, culbutent les Arabes qui s'y trouvent et bientôt le drapeau français flotte sur un des points les plus élevés de Zaatcha.

Le colonel de Barral, au centre, bouleversant les obstacles qu'il rencontre, pénètre dans les rues et refoule les Arabes qui se réfugient dans des abris.

A gauche, le lieutenant-colonel de Lourmel, ayant son képi au bout de son épée, précède ses troupes qui, emportées par l'exemple, ont vite franchi les premiers obstacles et rejeté l'adversaire. Dans cette poursuite enragée, de Lourmel est blessé, mais il n'en conduit pas moins ses compagnies à la maison de Bouzian où il rejoint les deux autres colonnes.

A 9 heures, les rues, les places et les terrasses sont occupées par la troupe; les défenseurs se sont réfugiés dans les maisons, d'où ils font un feu meurtrier sur les assaillants. Pour les en déloger, il faut faire le siège de chacune d'elles. Les sapeurs ont vite fait d'apporter les sacs à poudre qu'ils avaient déposés près des brèches; on n'entend que détonations de mines et on voit de tous côtés les maisons sauter et s'écrouler, en ensevelissant les malheureux qui s'y étaient retirés.

Enfin, il ne restait plus que la maison de Bouzian. Les zouaves sous le commandement du commandant de Lavarande, s'élancent pour pénétrer dans ce repaire défendu par les fanatiques les plus exaltés. Trente des leurs tombent. Témoin de cette résistance acharnée, j'ordonnai de placer des sacs de poudre contre-buttés par des sacs à terre. Mes braves sapeurs du génie sans souci du danger, exécutent cet ordre. Mais ce n'est qu'à la troisième explosion qu'un pan de mur en s'écroulant fait une large brèche.

Sans attendre que l'éboulement soit complet, les zouaves, qu'on ne peut retenir, se précipitent au milieu du nuage de poussière causé par l'explosion. Reçus par un feu à bout portant, dix de ces braves paient de leur vie cette attaque vigoureuse, mais leurs camarades, plus ardents que jamais, passent sur leurs corps et, avec leurs baïonnettes, ont vite fait de mettre à merci les derniers défenseurs. Seul, Bouzian profite de l'obscurité et de sa connaissance des lieux pour s'esquiver, mais un zouave nommé Causse, court sur lui le rattrape par son burnous et l'entraine. Le chef des rebelles est passé par les armes.

A midi, Zaatcha n'était plus qu'un monceau de ruines et le plus profond silence régnait là où pendant cinquante et un jours on n'avait entendu jour et nuit, que le bruit de combats continuels.

Les gens de Lichana avaient voulu se porter au secours de leurs frères, mais le commandant Bourbaki les avait vivement repoussés et le colonel de Mirbeck avait tenu en respect les habitants de Farfar et de Tolga.

Parmi les cadavres, on releva celui de Sidi-Moussa, marabout vagabond qui était connu par sa persévérance à prêcher la guerre sainte. Mohamed-Skrir, caïd de Biskra, m'apporta la tête du fils de Bouzian, en me disant : « Général, le louveteau ne deviendra pas loup. » Je dus faire exposer ces deux têtes avec celle de Bouzian pour convaincre les habitants des oasis qui étaient persuadés que ces trois fanatiques n'avaient pu se réfugier à Tolga.

Aussitôt que le bruit de cette expédition se fut répandu, ce que j'avais prévu arriva; tous les grands du Zab-Dahari et des oasis voisines vinrent faire leur soumission et me fournir des otages.

Je quittai le camp de Condiat-el-Meïda le 28 novembre. A mon arrivée à Biskra, je trouvai les députations de Zab-Chergui qui venaient demander l'aman et à K'Sour les grands de presque toutes les tribus du Belesma et de l'Aurés vinrent se soumettre aux conditions que je jugeai utile de leur imposer.

Je rentrai alors à Constantine avec le bonheur de voir la province entièrement pacifiée et celui encore plus grand de pouvoir distribuer à mes frères d'armes les récompenses que j'avais demandées pour eux et qui étaient si bien méritées.

C'est à ce siège qui dura malheureusement cinquante et un jours (ce qui permit à mes ennemis de me nuire) que j'appris à connaître les hommes; c'est là où je pus appré-

cier le véritable courage, distinguer le vrai mérite; c'est
là aussi, au milieu des dangers continuels, des privations
répétées que je vis des discoureurs, des donneurs d'avis,
de ces gens qui ne doutent de rien mais dont l'ardeur ne
dure que vingt-quatre heures et dont la ténacité ne résiste
pas au moindre revers.

Mais, c'est là surtout que je compris tout ce que l'on
peut attendre d'une troupe qui a confiance en ses chefs
et il faut avoir vu souffrir ces hommes comme ils ont souffert, il faut les avoir vu tenir contre les maladies, les périls,
il faut les avoir vu se jeter à l'assaut comme ils se sont
élancés le 26 novembre pour comprendre ce qu'est le soldat français et l'admirer comme il le mérite.

C'est à la valeur de mes officiers et de mes troupes que
je dois d'avoir vu la fortune récompenser ma persévérance.
Je ne mets pas en doute que si j'avais été forcé de quitter
les Zibans sans avoir pris Zaatcha, amis et ennemis m'auraient fait une rude conduite.

CHAPITRE XVII

**Les intrigues du général D... — Mise en disponibilité
(février 1850). — Départ de Constantine. — Nomination au commandement de la subdivision du Var. —
Réflexions. — Lettre du Prince Louis Napoléon. — Visite au Président de la République. — Séjour à Toulon.
— Réflexions politiques.**

———

*Le siège de Zaatcha avait duré plus longtemps que ne
l'avaient prévu ceux qui n'y avaient vu qu'une expédition
ordinaire. On ne s'était douté au début ni des difficultés qui
pourraient surgir, ni de l'état d'esprit des populations, ni de
la résistance acharnée qu'on rencontrerait. On avait mar-
chandé les moyens et ce n'est que quand ceux-ci furent enfin
à peu près suffisants qu'on put mener à bien l'opération en
la finissant, a dit un témoin oculaire, par une suite de faits
de guerre qui rendirent ce siège remarquable et dont le souvenir restera gravé dans les Zibans.*

*Mais la durée même de ce siège servit d'argument à ceux
qui jalousaient le général Herbillon et ambitionnaient sa
place. Les premières intrigues partirent de Constantine même
et furent dirigées par le général D..., au sujet duquel nous
lisons les lignes suivantes :*

Ce fut le 13 septembre 1848 que M. le général D... arriva
à Constantine pour y prendre le commandement de la
subdivision de cette province. Il avait été devancé par sa
réputation d'homme peu franc, méchant par caractère,
d'une ambition démesurée, envieux et d'un caractère difficile.

Quant à moi, je le considérai comme devant ajouter à
mes embarras et augmenter les diverses difficultés qui surgissaient journellement : je ne vis en lui qu'un subalterne

qui serait ombrageux, jaloux de mon autorité et qui chercherait par tous les moyens possibles à entraver mon commandement, je ne me trompais pas.

Dès son arrivée, il revendiqua toutes les affaires civiles et arabes de la subdivision qui jusqu'à ce moment avaient été traitées par le Bureau arabe de la Division et par celui de l'État-major général. Il y mit de l'acharnement et se posa de suite comme devant me remplacer un jour, désir qu'il n'eut ni le tact ni l'adresse de cacher.

Il ne fut pas longtemps sans que son caractère fût apprécié et bientôt tous les officiers n'eurent avec lui que des relations plus que froides.

A peine le général D... fut-il installé qu'il donna des soirées dansantes où se rendaient quelques dames de la ville. Ces soirées durèrent jusqu'au moment où il eut prise sur le cœur de Mme Y..., dont le mari fut des plus complaisants. Cet amour devenu public ne fut pas sans scandale et jeta un profond ridicule sur le mari qui, du reste, paraissait s'accommoder parfaitement des attentions, des prévenances du général et surtout des longues visites que celui-ci faisait à sa femme. Un des ennemis de celui-ci, officier démagogue, commit la grave faute de divulguer méchamment par écrit ces relations illicites. Le général vint chez moi pour porter plainte en me demandant instamment d'en écrire au Gouverneur Général et même au Ministre. Je crus que dans une affaire aussi délicate et surtout aussi connue, le silence était préférable dans l'intérêt même du principal intéressé et je laissai tomber l'affaire. Le général continua ses relations intimes avec Mme Y... sans que sa tranquillité fût troublée, mais il ne me pardonna pas de n'avoir pas écouté ses suggestions; si je l'avais fait il en eût éprouvé lui-même les plus gros ennuis.

Nous ne nous voyions que pour affaires de service et aucune relation d'amitié ou de camaraderie n'existait entre nous. Je savais bien que cet officier général espérait me remplacer, mais je ne pouvais croire qu'il travaillait à me nuire en haut lieu. Mes absences prolongées pour conduire les colonnes contre les rebelles, les difficultés que j'eus avec

le préfet, le mirent à même de me miner et sa conduite fut
si inqualifiable qu'officiers et soldats en parlaient ouverte-
ment avec indignation.

Pendant le siège de Zaatcha où j'aurais eu besoin du
concours de tous, M. le général D... fit preuve d'un tel
mauvais vouloir dans l'envoi des vivres que je lui demandais, que M. l'intendant Lyautey fut forcé de l'engager à
mettre plus de promptitude dans l'exécution des réquisi-
tions et dans le départ des convois, et que le sous-intendant
Bazire, qui était avec moi, ne put me cacher la manière peu
fraternelle avec laquelle le général D... faisait droit à mes
demandes. De plus, ce dernier était en correspondance
suivie avec M. le ministre d'Hautpoul et avec l'ex-ministre
Ruthières qui, disait-il, pensait comme lui relativement
au siège de Zaatcha, dont lui, le général D... ne comprenait
pas la longueur. Il divulguait avec joie la certitude où il
était de me remplacer, si bien que le bruit en arriva jusqu'au camp.

Le 13 décembre, j'arrivai à Constantine par un temps
affreux; le général D... vint me voir; la conversation fut
naturellement plus que froide. Il s'attendait évidemment
à un changement de commandement dans la Province;
son aide de camp proclamait que D... allait me remplacer
incessamment, des lettres anonymes me l'annonçaient,
lorsque, le 4 février 1850, je reçus avis de ma mise en disponibilité et mon remplacement par M. le général de Saint-
Arnaud. Ce fut une profonde déception pour le général D...
qui, se trouvant plus ancien que son collègue, non seulement
ne prit pas ma place, mais encore dut quitter Constantine.

Malgré que j'avais été prévenu par des lettres officieuses
qu'il se tramait quelque chose au ministère, je ne pouvais
croire que le ministre d'Hautpoul agirait brutalement à
mon égard et ma pensée était que, si j'étais rappelé en
France, on aurait au moins égard à mes longs services, à
la vie que j'avais menée en Afrique, à la victoire que je
venais de remporter. Il n'en fut rien. Aussi les bras me
tombèrent lorsque je lus que j'avais à remettre mon com-

mandement à M. de Saint-Arnaud et à faire connaître l'endroit où je comptais me retirer.

Ne voulant pas être présent à l'arrivée de mon remplaçant, j'hésitai un instant sur le lieu où j'irais m'installer. Ma première pensée fut de demander asile au caïd Bouroubi des S'mouls, mais après réflexion, je me décidai à écrire au brave Gourgas, un de mes anciens chefs de bataillon pour lui demander de me recevoir, non comme son chef, mais comme un parent.

Sa réponse ne se fit pas attendre. Il m'offrit sa maison et m'assura que je le rendrais heureux en venant me réfugier chez lui, dans sa petite propriété située à 2 kilomètres de Philippeville sur l'Oued Seramna où il vivait.

Je rassemblai les troupes le 11 février pour les passer en revue et avant de me séparer d'elles, je réunis les officiers au Cercle et leur fis mes adieux. Ma poitrine était oppressée, j'avais les yeux mouillés de larmes, je fis cependant effort sur moi-même et je prononçai les quelques mots suivants :

Messieurs,

Je rentre en France, mais avant de vous quitter, j'ai besoin de vous témoigner ma satisfaction pour le concours que vous m'avez toujours prêté dans les expéditions nombreuses que je fus forcé d'entreprendre. C'est à votre bravoure que je dois les résultats que j'ai obtenus. Je vous en remercie, Messieurs, et je n'oublierai jamais l'honneur que j'ai eu de commander de si braves et loyaux soldats.

Adieu, je vous quitte avec regret et le cœur gros de souvenirs.

Le 12 février, je montai à cheval à 8 heures du matin et après avoir jeté un dernier coup d'œil sur le palais des Beys que j'avais occupé deux ans et demi, je me dirigeai vers la porte de la Brèche; Canrobert qui, après sa nomination de général, avait reçu l'ordre de se rendre à Paris, m'accompagnait. Le général D..., qui s'était si souvent vanté de me remplacer, me fit la conduite l'oreille basse et fort décontenancé de voir ses espérances déçues (1).

Environ 300 cavaliers, officiers de tous grades, bourgeois de la ville, caïds, cheiks, Arabes, m'accompagnèrent jusqu'au Hamman, à environ deux lieues de la ville. Là je descendis de cheval, et après avoir fait mes adieux à mon escorte, avoir dit à tous combien j'étais sensible à cette marque d'attachement, je montai en voiture avec le général Canrobert et nous partîmes pour Philippeville. A 4 heures du soir j'étais rendu chez le commandant Gourgas où je restai jusqu'au 23, jour de mon départ pour la France. Pendant mon séjour à Zeramna, j'eus la visite des principaux habitants de Philippeville et des cheiks des environs.

La veille de son départ, le général Herbillon envoyait à son frère la lettre suivante :

Philippeville, le 22 février 1850.

Mon Ami,

Je viens de succomber probablement à quelque intrigue, à des calomnies et peut-être à des vengeances particulières; je suis rappelé en France avec une brutalité jusqu'ici sans exemple. Le Ministre, après avoir accordé toutes les récompenses que j'avais demandées pour mes braves officiers et soldats qui s'étaient distingués dans l'expédition qui a été terminée par la prise de Zaatcha, me met en disponibilité sans m'en donner les motifs. Il n'y a dans la Province qu'un cri d'indignation et j'ai quitté Constantine avec le regret non seulement des troupes que je commandais mais encore avec celui des habitants; plus de 300 cavaliers m'ont accompagné jusqu'à plus de deux lieues de la ville; tous faisaient des vœux pour que justice me fût rendue.

Cette conduite de la part du Gouvernement à mon égard est ipqualifiable. J'ai passé quatorze ans de ma

____

(1) Le lendemain, il quittait lui-même la ville sans que personne vînt l'escorter.

carrière militaire à guerroyer sans cesse et pour récompenser mes longs services, on me retire le commandement d'une Province où j'ai rendu les plus grands services et où mille fois j'ai exposé ma vie. Je me résigne, mon ami, et je me rends à Paris où j'arriverai dans les premiers jours de mars. J'irai me présenter au Ministre et au Président de la République pour connaître les motifs de ma mise en disponibilité et m'expliquer sur cette mesure non méritée, ma conscience ne me reproche rien, et par conséquent je puis lever la tête et dire ce que je pense.

. . . .

Le 25 février, le général débarque à Marseille et le général Carrelet lui remettait deux nominations : la première pour commander la subdivision d'Auch, la deuxième pour celle du Var, ce fut à celle-ci qu'il se rendit.

C'est là et en réponse à une lettre très digne que je lui avais écrite le 7 février 1850, que le Président de la République me répondit :

Mon cher Général,

Vous n'aviez pas besoin de rappeler vos services pour me les faire connaître; personne depuis longtemps ne les appréciait mieux que moi. Aussi ce que vous appelez retraite et disgrâce était, vous ne pouvez le savoir encore, un simple changement de position. Persuadé que quinze ans de séjour en Afrique avec une continuité non interrompue d'utiles et souvent de pénibles travaux demandaient à la fois du repos et une récompense, je vous appelle au commandement d'un département et je me propose de vous nommer grand officier de la Légion d'honneur à la première promotion. Vous le voyez, loin d'avoir perdu la confiance du Gouvernement, comme vous semblez le redouter, vous l'avez justifiée en il vous en donne une nouvelle preuve.

L. N. BONAPARTE.

Pour pallier ma disgrâce on trouve que j'ai besoin de repos et on se propose de me donner comme fiche de consolation la croix de grand officier. Le Président n'eût-il pas été mieux inspiré de me charger de témoigner à l'armée qui était sous mes ordres toute sa satisfaction? Si cette affaire de Zaatcha fut arrivé sous Napoléon Ier, on aurait agi d'autre façon.

J'eus l'occasion de rencontrer à Toulon le général D... Je lui dis franchement le bruit qui avait couru sur sa conduite à mon égard. Il me répondit qu'il était vrai qu'il avait demandé le commandement de la Province mais cela dans la certitude où il était que j'allais être nommé au grade supérieur. Comme je savais parfaitement à quoi m'en tenir mon opinion sur son compte ne changea pas et je lui tournai simplement le dos.

Quelque temps après mon retour, je me rendis à Paris et je fis visite au Président. En me voyant, il me dit : « Mais vous me semblez en très bonne santé; on m'avait donc trompé en me disant que vous étiez très fatigué et ne pouviez presque plus faire de service. » — « Ce sont sans doute mes amis qui vous ont dit cela, répondis-je, ceux qui ne seraient pas fâchés d'avoir ma place, mais je suis encore solide. » — « Je le vois, répliqua-t-il en souriant et je m'en souviendrai. » Peu de temps après, je fus appelé au commandement d'une brigade à Paris.

CHAPITRE XVIII

Grand officier de la Légion d'honneur (avril 1850). —
Commandant de la 1re brigade de la 3e division active
de l'armée de Paris (1851). — Départ du général Baraguey d'Hilliers. — Journées de décembre (1851). —
Général de division (22 décembre 1851). — Départ
pour Bourges (1852). — Remplacé par le général duc
de Mortemart, il est nommé au commandement d'une
division à Lyon (février 1852).

---

*Promu à la dignité de grand officier de la Légion d'hon-
neur par décret du 26 avril 1850, le général Herbillon quitte
Toulon en 1851 pour se rendre dans la capitale où, par décision ministérielle du 15 février, il devait prendre le commandement de la 1re brigade de la 3e division active de l'armée
de Paris.*

*On est dans une période troublée, et les esprits suivent
avec anxiété le cours des événements tout en se livrant à force
commentaires. Cependant, les souvenirs sont à peu près
muets, et nous pouvons seulement relever pour 1851, les
quelques lignes suivantes presque immédiatement suivies du
récit du coup d'État.*

Aujourd'hui 17 juillet, les généraux de l'armée de Paris
et tous les officiers supérieurs furent convoqués pour rendre
visite à M. le général Baraguey d'Hilliers qui quittait le
commandement en chef de cette armée, et qui, avant son
départ, voulait nous présenter son successeur, M. le général Magnan.

Le général Baraguey d'Hilliers paraissait peiné de quitter
l'armée de Paris et il nous exprima ses regrets dans une
allocution simple et fort émouvante.

Cet homme vif, tranchant, aux mots à l'emporte-pièce,

sut pendant son commandement s'attirer la sympathie de
ses subordonnés. Accessible à tous, son caractère franc
avait vite fait de vous mettre à l'aise et son passé inspirait
la plus grande confiance.

Le général Magnan qui prenait le commandement à la
date de ce jour nous adressa quelques mots dans un discours approprié à la circonstance, qui produisit le meilleur
effet.

Comme de coutume, ce changement a donné lieu à beaucoup de commentaires suscités par l'inquiétude générale
des graves événements qui d'un moment à l'autre peuvent
surgir.

Je me rappelle encore l'attente anxieuse qui existait
dans toute la population de la capitale, lorsque le 4 novembre, la Chambre fut réunie. Le Message du Président
qui fut lu, fut écouté avec attention, et, comme ce n'était
qu'un simple compte rendu, aucun signe de mécontentement ne se manifesta.

Mais, le 6 novembre, MM. les questeurs déposèrent une
proposition tendant à ce que le Président de la Chambre
fixât les forces militaires nécessaires pour assurer la sécurité de la représentation nationale, en se basant sur l'article 1 de la Constitution. Cette proposition jeta une grande
inquiétude surtout dans l'armée qui vit que, si cette proposition était acceptée, il y aurait ainsi deux camps et de
là, en cas de conflit, guerre civile et de toute façon destruction totale de la discipline et naissance de l'insubordina-
tion. Heureusement qu'elle ne passa pas.

De ce moment, la Chambre perdit beaucoup dans l'esprit du peuple et surtout dans celui de l'armée qui ne
balança plus entre les deux pouvoirs et se tourna entièrement vers le pouvoir exécutif qui sentit qu'il pouvait
compter sur elle.

La proposition des Questeurs n'ayant pas abouti, la
Chambre ne se tint pas pour battue et fit paraître le projet
de loi sur la responsabilité des ministres et du Président.
Les débats allaient commencer et il était évident que l'hostilité flagrante contre le Président ne manquerait pas de

prendre un nouvel essor et que le résultat serait sûrement sa déchéance, probablement son arrestation. Il crut qu'il était temps d'agir et mit à exécution ce qu'il projetait depuis longtemps.

Le 1ᵉʳ décembre, la soirée du lundi à l'Élysée avait réuni beaucoup de monde; on circulait comme de coutume dans les salons; rien dans le maintien du Président et de son entourage ne pouvait laisser présumer que dans la nuit un coup d'État allait éclater, et cependant toutes les mesures étaient prises pour agir vigoureusement.

Tous les officiers généraux de l'armée de Paris, nous nous trouvions à la soirée présidentielle; aucun de nous n'avait été prévenu de ce qui se complotait.

Parfaitement tranquille et ne me doutant nullement des changements survenus pendant la nuit, je reçus le 2, à 6 h. 30 du matin, l'ordre de me rendre sur la Place de l'Hôtel-de-Ville à l'heure même où je recevais la dépêche. Persuadé qu'il y avait erreur, je ne me pressais pas quand mon aide de camp arriva m'annoncer le coup d'État. Je m'habillai un peu plus vite, et je me rendis au point désigné où je trouvai le général de division Levassur, avec le 9ᵉ bataillon de chasseurs. Le 3ᵉ de ligne et le 6ᵉ léger arrivèrent presque en même temps que moi à 7 h. 30.

Les troupes de la brigade restèrent toute la journée massées sur la Place de l'Hôtel-de-Ville. Beaucoup de curieux circulaient dans les rues, lisaient les décrets, faisaient des commentaires, examinaient l'attitude des troupes, mais ne faisaient preuve, au moins ostensiblement, d'aucune manifestation hostile. Les heures se passèrent sans incidents, le soir, les troupes rentrèrent paisiblement dans leurs quartiers, la nuit fut tranquille.

Le 3, les mêmes dispositions que la veille furent prises, mais dès le matin il fut facile de s'apercevoir que quelques mouvements s'effectuaient dans certains quartiers de Paris. Le nombre des curieux était plus considérable, quantité d'ouvriers se promenaient en désœuvrés, des gens à figure sinistre sortaient de tous les côtés. Cependant la journée ne fut pas troublée, et ce n'est qu'à 5 heures du soir que des sergents de ville vinrent prévenir le général de division que des barricades s'élevaient dans les rues Rambuteau, Beaubourg, d'Aumaire, Saint-Martin et les rues adjacentes.

Le général de division me fit appeler et me donna l'ordre de prendre avec moi le 9e chasseurs à pied et une pièce de canon, et d'aller enlever les barricades de la rue Rambuteau. Arrivé à la hauteur de la rue Beaubourg, je trouvai une barricade qu'une compagnie du 33e occupait sans cependant s'être hasardée à passer outre. Je franchis cette barricade avec une compagnie de chasseurs, et au débouché de la rue Saint-Martin, je trouvai affluence de gens en blouse qui nous reçurent aux cris de « Vive la République sociale et démocratique! A bas le tyran! » Je les fis sommer par le commissaire de police de se retirer, ils répétèrent leurs cris. Je fis signe aux chasseurs d'approcher, mais sans que je leur en eusse donné l'ordre, ils firent feu dans la rue Saint-Martin, du côté des quais. Je relevai immédiatement les fusils avec mon épée, mais cette fusillade d'une seconde tua deux hommes et en blessa quelques autres.

Au bruit des coups de fusil, toute la foule se sauva et le terrain fut entièrement déblayé. Je retournai vers l'Hôtel de Ville; en revenant, les chasseurs enlevèrent toutes les planches qui avaient servi à élever des barricades dans la rue Rambuteau, les mirent sur leurs épaules et, arrivés sur la Place, en allumèrent un grand feu.

A peine étais-je revenu, que de nouveau on avisa le général de division de l'établissement de nouvelles barricades. Il y envoya le colonel Chapuis du 3e de ligne, avec un bataillon de son régiment. Cet officier supérieur remplit sa mission avec une grande intelligence, culbuta les défenseurs de la barricade, mais, comme il faisait nuit, il perdit quelques soldats qui furent tués.

L'ordre fut ensuite donné aux troupes de rejoindre leurs quartiers respectifs.

La journée du 4 s'annonça froide et pluvieuse, les troupes furent réunies sur les mêmes emplacements que la veille. Pendant la nuit, de nombreuses barricades avaient été

faites et la quantité en augmentait à chaque instant.
L'Ordre émané du Général en Chef étant de ne pas faire
d'attaque partielle, on laissa donc les affiliés aux sociétés
secrètes et tous les gens qui à Paris se livrent au premier
payant continuer leurs constructions. Quand on fut certain
que toutes les barricades étaient dressées, on donna l'ordre
de marcher sur les quartiers dont les gens du désordre
s'étaient emparés.

La 1re brigade que je commandais fut divisée en deux
parties : la première, sous les ordres du général Levasseur,
marcha droit sur les boulevards par la rue du Temple; la
seconde prit avec moi la rue Rambuteau, puis la rue Saint-
Martin, pour rejoindre le général Levasseur sur les boulevards.

Le général Marulaz se dirigea vers la rue Saint-Denis,
le général Dulac vers la rue Montorgueil, le général Carrelet avec la 1re division suivit les boulevards, et la Garde
républicaine les quais.

A 2 heures de l'après-midi, tous ces mouvements se
firent simultanément, et les insurgés se trouvant cernés de
tous côtés, ne purent tenir.

La colonne que je commandais eut à parcourir les rues
Rambuteau et Saint-Martin et à agir sur les rues adjacentes. Six barricades furent enlevées. Celle de la rue
Rambuteau, qui fut attaquée par le canon, soutint un instant l'attaque. J'eus quatre à cinq hommes blessés. Le
tambour-major du 3e de ligne fut tué dans la rue Saint-
Martin. La barricade établie près de l'église Saint-Nicolas
et de la rue Grenétat résista quelques minutes au tir du
canon et fut enlevée par une compagnie de grenadiers du
3e de ligne.

Trois gamins furent trouvés derrière la barricade et me
furent amenés. Ne voulant pas les traiter comme s'ils
étaient des hommes, je leur fis donner quelques tapes sur
les fesses et les renvoyai chez eux. Dans les journées des
3 et 4, la brigade compta 5 tués et 35 blessés.

Au moment où je faisais attaquer la barricade de la rue
Grenetat par le canon, on m'apporta un éclat d'obus qui

provenait de la colonne du général Levasseur qui était entrée dans la rue Saint-Martin du côté des boulevards pendant que je me rendais moi-même sur ces mêmes boulevards qui étaient le point de réunion convenu.

Cet officier général qui n'a jamais pu rester en place, et qui était contrarié de voir ses lieutenants en faire plus que lui, fit marcher contre la barricade des Arts-et-Métiers dont j'étais à peu de distance; il en résulta quelques hommes tués et blessés.

A 5 heures du soir, tout était terminé; des bataillons et escadrons campèrent sur les boulevards et aux points principaux. Soit que l'élan de la troupe et les dispositions prises eussent déconcerté les gens du désordre, il n'y eut en somme que peu de résistance, et cette guerre de rues, si elle fut déplorable, ne fut pas très meurtrière.

Le lendemain, vendredi 5, les colonnes parcoururent les diverses voies qui avaient été le théâtre de l'insurrection, des postes furent placés dans des maisons pour éviter de nouveaux rassemblements, les magasins s'ouvrirent, la circulation des voitures et des piétons reprit normalement et la capitale rentra dans l'ordre et dans la tranquillité.

Le dimanche matin 7, tous les postes placés dans les rues furent retirés, et pour beaucoup de Parisiens le coup d'État du 2 décembre n'était déjà plus qu'un souvenir lointain. La soirée présidentielle du lundi eut lieu comme d'habitude, l'assistance y fut plus nombreuse qu'avant les journées de crise, car beaucoup de gens qui s'étaient mis prudemment sous le boisseau reparurent. De ce jour commencèrent plus que jamais hommages, souplesse, sollicitations et chasse aux places.

C'est à cette soirée que Saint-Arnaud, ministre de la Guerre, me dit que j'avais par ma conduite gagné les trois étoiles. Je crois que je les avais beaucoup mieux gagnées à l'affaire de Zaatcha. Le général Randon qui me félicita amicalement, fut de mon avis.

Nommé général de division le 22 décembre, je fus désigné quelques jours après (31 décembre) pour prendre le commandement de la 19e division militaire qui venait d'être rétablie. Je quittai donc Paris le 8 janvier 1852 et, le soir même, à 4 heures, j'arrivai à Bourges.

J'étais très occupé avec M. le préfet de Barral et le procureur général Corbin à terminer les affaires de la Commission mixte relative aux insurrections du Val de la Loire et aux affiliations des sociétés secrètes, lorsque, le 18 février, je reçus une lettre du ministre de la Guerre ainsi conçue :

Confidentiel.   Paris, le 17 février 1852.

    Mon cher Général,

Vous m'avez depuis longtemps appris à compter sur votre dévouement et je viens vous en demander une preuve de plus.

Pour des raisons politiques que vous comprendrez, il est important que le général de division duc de Mortemart se rallie au Gouvernement. Le général de Mortemart ne peut accepter que la division que vous commandez parce que ses propriétés, ses intérêts, son influence sont tous dans le département du Cher et autour de Bourges.

Je crois que le duc de Mortemart rallié donnera un excellent exemple et sera utile à la cause de l'ordre.

Le Prince l'a nommé au commandement de votre division, mais il vous donne une compensation selon vos goûts en vous conférant le commandement de la division active de l'armée de Lyon où le général de Castellane sera heureux de vous voir car il aime les gens de cœur et de résolution.

Vous resterez à Bourges jusqu'à l'arrivée du général de Mortemart auquel vous remettrez le service.

J'espère, mon cher Général, que vous ne verrez dans ce changement qu'une preuve de plus dans la confiance entière que j'ai en vous, et que le Prince sait apprécier à sa juste valeur.

Recevez, mon cher Général, l'assurance de mes sentiments aussi distingués qu'affectueux.

                          Général A. DE SAINT-ARNAUD.

Cette nouvelle à laquelle je ne m'attendais nullement, ne me surprit cependant pas, et quoique, dans mon opinion, je ne pensais pas que le duc de Mortemart rallié serait un exemple si particulièrement utile à la cause de l'ordre, je ne crus pas devoir opposer la moindre réflexion à la décision présidentielle, et je répondis :

Bourges, le 18 février 1852.

Monsieur le Ministre,

J'ai reçu votre lettre confidentielle par laquelle vous avez la bonté de m'expliquer quelles sont les raisons politiques qui engagent le Gouvernement à me remplacer dans le commandement que vous m'avez confié? Je n'ai, Monsieur le Ministre, aucune objection à faire, du moment que la nomination de M. le duc de Mortemart à la 19e division militaire peut être utile à la cause de l'ordre. Je comprends l'importance de cette décision. Je lui remettrai le service à son arrivée et je me rendrai à ma nouvelle destination aussitôt que vous m'en donnerez l'ordre.

J'ai l'honneur d'être, etc...

Ma réponse produisit très bon effet au Ministère, car la moindre difficulté soulevée par moi ne remplissait pas le but, qui était de faire croire qu'en me donnant le commandement de la division de Lyon, on me gratifiait grandement. Le soin qu'avait eu le Ministre au début de sa lettre de me dorer la pilule prouve qu'il n'était pas sans inquiétude sur ma réponse. Il en fut si charmé qu'il la fit déposer à mon dossier.

C'était la deuxième fois que par mesure politique, ou plutôt de projets politiques, j'étais remplacé dans mon commandement; mais, si M. le ministre d'Hautpoul m'avait sacrifié avec un cynisme digne de lui, le général de Saint-Arnaud sut procéder avec franchise et tact, et je lui en sus d'autant mieux gré que j'avais été autrefois sévère et même injuste dans mes appriéations sur lui.

Lorsque j'avais été rappelé en France, je n'avais pu, dans le premier moment de révolte contre une pareille disgrâce, m'empêcher d'accuser le général de Saint-Arnaud d'intrigue et de jalousie. Je dus reconnaître qu'il ne méritait pas un pareil jugement. Cet officier général avait été mis en avant comme devant convenir pour la tâche qu'on voulait lui voir remplir, et, comme il fallait lui donner une position qui permît de le nommer général de division, le commandement de la Province de Constantine était le seul qui permît de le mettre en relief. Je fus donc sacrifié, et cela avec d'autant plus de facilité que le général Charron, gouverneur, voyant que l'on désirait mon remplacement, ne chercha pas à me défendre, et, au contraire, se prêta d'autant plus volontiers à la manœuvre qu'il avait sur le cœur de n'avoir pas cru à l'importance de la révolte des Zibans, et qu'il était mécontent que les événements m'eussent donné raison. Le général de Saint-Arnaud profita de la situation sans avoir intrigué pour l'obtenir, et la brutalité et l'injustice des procédés ne sont imputables qu'à M. le ministre d'Hautpoul.

Avant son arrivée à Bourges, le général de Mortemart, avec qui j'eus les plus cordiales relations, m'avait adressé la lettre suivante :

Neauphle, le 19 février 1852.

Général,

J'apprends officiellement que j'ai l'honneur de succéder dans le commandement de Bourges au vainqueur de Zaatcha. Je me félicite de cette occasion de faire plus particulièrement votre connaissance et de vous demander votre amitié.

Dans ces mouvements de notre carrière, il y a souvent des arrangements particuliers qui conviennent réciproquement ; je vous en demanderai peut-être quelques-uns, et je serai charmé de vous offrir tous ceux qui pourront vous être agréables.

Recevez, Général, les assurances de ma haute estime et de ma considération la plus ditinguée.

Général Duc DE MORTEMART.

J'arrivai à Lyon le 16 mars.

————

CHAPITRE XIX

Arrivée à Lyon. — Portrait du maréchal de Castellane.
— Visite du Prince Président à Lyon (19 septembre
1852). — Proclamation de l'Empire (novembre 1852).
— Commandeur de Saint-Maurice et de Saint-Lazare.
— Entrée de l'Empereur à Paris (2 décembre 1852).
— Mort du général Bouscarens (30 décembre). —
Lettre au général Canrobert, promu général de divi-
sion (janvier 1853). — Le fils du général Herbillon est
nommé lieutenant.

*Ce n'est pas sans une certaine appréhension que le général
Herbillon se rendit à Lyon, mais cette impression peu favorable du début ne tarda pas à se modifier. Le caractère très
droit du général de Castellane, la façon dont il prenait très à
cœur les intérêts de ses subordonnés, la confiance et la sympathie qu'il témoigna vite au général Herbillon furent cause
qu'une véritable amitié se créa entre ces deux hommes et,
comme on le verra plus tard dans la suite de ces récits, jamais
le général Herbillon n'eut de plus fidèle allié et de plus chaud
protecteur que celui dont, au début, il appréhendait le commandement d'autant plus que lui-même n'avait pas toujours
le caractère très commode.*

On raconte à ce sujet l'anecdote suivante :

*Plus tard, quand un village de la province de Constantine
reçut le nom de « Herbillon, » un de ses amis dit : « On a bien
fait de donner son nom à ce pays : il est comme lui : il est
inabordable. »*

*Mais, en fait, il s'entendit très bien avec le maréchal de
Castellane, et dans ses souvenirs on trouve les lignes suivantes :*

Nommé au commandement de la division d'infanterie
à Lyon, je me rendis à mon poste, non sans éprouver un

peu d'inquiétude de me trouver sous les ordres du général de Castellane qui, de longue date, avait la réputation d'être très exigeant dans le service, d'une sévérité outrée et peu convenable, disait-on, avec ses subordonnés. Ajoutez à cette renommée ses excentricités dont tout le monde s'entretenait. Je ne pouvais donc que réfléchir sur la nouvelle position qui m'était donnée et qui peut-être allait me mettre dans le cas de lutter à la fin de ma longue carrière avec cet officier général; il n'en fut rien.

Une fois de plus je reconnus qu'il ne faut pas se fier aux réputations qui parfois sont faites très légèrement. Elles sont établies bien souvent à la suite de contrariétés éprouvées, d'impressions subies; elles sont aussi le résultat des idées et de l'opinion des gens avec lesquels nous avons vécu ou de nos goûts qui ne sont nullement en harmonie avec ceux des personnes que nous jugeons.

Ainsi, le maréchal de Castellane a en horreur l'habit bourgeois, il ne le permet sous aucun prétexte. Dès le matin, il est lui-même en uniforme et, donnant l'exemple, il exige que tous les officiers sans exception soient en tenue. Beaucoup qui ne peuvent supporter cet assujettissement clabaudent et tournent le maréchal en ridicule.

D'autres, en grand nombre, aiment leurs aises, ne montent à cheval que quand ils ne peuvent faire autrement; il s'en suit que les nombreuses prises d'armes les contrarient et les fatiguent; aussi se plaignent-ils des exigences du Maréchal et ne lui pardonnent-ils pas sa ténacité dans l'exécution précise de tout ce qui a rapport au service.

D'autres, enfin, qui ne sont militaires que par les épaulettes qu'ils portent, ne voient dans le maréchal que sa constitution physique, sa manière de s'habiller, sa manie de porter même dans le monde son bâton de maréchal, son amour excessif de l'ostentation; ils parlent de ses travers, l'accablent de leurs plaisanteries et cherchent en société à le rendre insupportable aux personnes qui ne le connaissent pas.

Mais le militaire consciencieux, observateur et qui aime son métier juge le maréchal différemment; il passe rapidement sur tous ses défauts, et, même en le jugeant sévèrement, il ne peut que lui rendre justice.

Car on ne peut s'empêcher d'admirer la manière dont le service est fait à Lyon. Où y a-t-il une tenue plus uniforme et plus belle que dans ce corps d'armée? Dans quel camp, dans quelle localité voit-on moins de punitions? Quel est le général qui exige moins d'écritures? Quelle est la réunion des troupes où il y a moins d'hésitation, d'à-coup dans l'exécution des ordres? Quel est le chef qui maintient mieux que le maréchal la hiérarchie de chaque grade et qui exige plus que lui que les officiers généraux soient entourés de tout le prestige qui ne devrait jamais les quitter? Où trouve-t-on un chef qui appuie davantage de son crédit les bons serviteurs? Où peut-on trouver des relations plus militaires que celles qu'il a avec les officiers généraux? Jamais il ne les ennuie pour des riens; tout se fait par le rapport journalier et il n'y a que dans les circonstances extraordinaires que ce mécanisme éprouve quelques modifications.

On blâme, on critique, on le maudit, mais on obéit. Dans les nombreuses prises d'armes qui font tant crier, l'empressement des généraux et des officiers supérieurs à exécuter ses ordres est admirable, tous ont le plus grand respect de sa personne et si, entre soi, on rit de sa tournure fatiguée, on s'incline devant sa dignité, devant son nom, on oublie ses faiblesses qui ne détruisent pas en lui les qualités militaires.

Évidemment il a ses manies et malheureusement il les exagère, ce qui lui nuit et permet à ses ennemis de le tourner en ridicule. Aimant à se donner en spectacle, il multiplie les parades. Tous les dimanches, suivi d'un nombreux état-major, il se rend à la place Bellecour, salue avec son bâton tous les curieux, passe au galop devant les rangs, les fait ouvrir, puis, descendant de cheval, passe l'inspection de la troupe en lorgnant surtout les fenêtres. Puis il fait un peu manœuvrer et enfin défiler.

Il a aussi la passion des petites guerres. On se fusille, on brûle énormément de cartouches. Il se porte partout, fait avancer, reculer, dirige tout sans rien diriger, mais on fait feu et flamme et l'effet est produit sur la population. Quant aux manœuvres, il n'y en a pas eu l'ombre. On rentre dans les quartiers et un seul homme est enchanté : cet homme, c'est le maréchal.

Il n'aime ni la conversation, ni les visites; il faut en être très sobre et le meilleur moyen d'être bien avec lui est de le voir rarement. Il ne supporte pas la contradiction ni les observations sur les ordres donnés.

Son bonheur est de se trouver avec de jeunes et jolies femmes; dans les salons, on ne le voit que très rarement causer avec celles d'un certain âge. Tous les soirs, à Belle-cour, à l'heure de la musique, il ne manque jamais de s'y trouver; il parcourt à pas lents les allées où les femmes sont assises, et, armé de son lorgnon, il en passe l'inspection, s'arrête quelquefois. Alors, tous les gamins, les bonnes d'enfants l'entourent au point d'obstruer le passage, et cette presse, au lieu de lui déplaire, l'enchante car son but est rempli, celui de se faire voir et de produire de l'effet.

Malgré tous ces travers qui tiennent de l'enfantillage, le maréchal n'en est pas moins aimé à Lyon; les ouvriers le craignent, le respectent et le voient avec plaisir. Les gens du monde aiment en lui le gentilhomme, le grand seigneur qui donne de l'entrain à la société. Ses bals d'hiver qui ont lieu tous les lundis, très brillants, sont le centre où se réunissent administrateurs, magistrats, militaires, autorités civiles, banquiers, négociants et les plus jolies femmes de la ville. Il fait les honneurs de sa maison avec une cour-toisie remarquable et une amabilité charmante. Par son accueil aux différentes sociétés et son empressement à se rendre lui-même aux nombreuses invitations qui lui sont faites, le maréchal a montré un exemple qui a été suivi par les grandes maisons de Lyon qui ont tenu à honneur de donner de très belles soirées où beaucoup d'officiers sont admis, chose qui se faisait peu avant lui.

Cassé avant d'être âgé, car il n'a que soixante-six ans, le maréchal n'en monte pas moins tous les jours à cheval. Il n'est pas porté sur les innovations et tient même trop aux anciens usages qui finissent par dégénérer en routine. Mais il est avant tout homme de devoir, et comme il ne souffre pour lui-même comme pour les autres aucune négligence dans le service, il en résulte que les régiments de son commandement sont remarquables par leur discipline et leur tenue et qu'en cela il rend et peut rendre encore de grands services au Gouvernement.

Quelques mots à présent sur la venue du Prince-Président à Lyon, première étape de ce voyage triomphal qui devait terminer par l'Empire.

Le Prince Président était attendu à Lyon pour le 19 septembre ; des préparatifs furent faits pour le recevoir, des arcs de triomphe furent dressés, les municipalités des cantons voisins furent réunies, enfin la ville faisait tous ses efforts pour que la réception répondît à la grandeur de la cité.

Le 19, à 2 h. 30 après-midi, le Prince arriva à l'embarcadère ; immédiatement il monta à cheval et parcourut les quais du Rhône jusqu'à la place de la Charité, pour se rendre à l'Hôtel de la Préfecture. Une population nombreuse s'entassait sur les trottoirs et aux fenêtres. Le Président fut reçu aux cris de « Vive l'Empereur ! »

Le soir, au bal, il y eut le même enthousiasme.

Le 20, il passa la revue des troupes sur la place Bellecour, puis se rendit sur la place Napoléon pour l'inauguration de la statue de l'Empereur. Sur son passage, mêmes cris que la veille, mais le soir, au spectacle, il y eut de la froideur.

Son départ eut lieu le 21. Le faubourg de la Guillotière montra un grand enthousiasme. Nous le conduisîmes jusqu'au delà du faubourg où il nous fit ses adieux.

Quoique la réception de Lyon fut peut-être moins chaleureuse que dans les autres villes qu'il a parcourues, il semble cependant que cette ville ait donné le premier élan qui fut suivi par les villes du Midi et de l'Ouest. On avait les yeux sur Lyon et son attitude a servi d'exemple aux autres populations.

Il ne faut pas se le dissimuler, ces grandes démonstrations, quoiqu'elles prouvent combien on craint le régime républicain, ne détruisent pas l'esprit d'affiliation et l'animosité des gens des clubs qui espèrent toujours que leur parti reprendra le dessus.

Il faut maintenant sagesse, prudence et fermeté dans la direction du pays. Il faut par une bonne administration faire oublier les gouvernements précédents; il faut enfin que des gens d'expérience, de savoir, de probité et de confiance soient chargés de la conduite des rouages de toute cette machine immense qui renferme encore une foule de principes de désordres.

Il y a dix mois, l'esprit public était partagé entre la Chambre et le Président qui à cette époque, n'était pas assis et qui n'a conquis le pouvoir unique que par un coup d'État. Aujourd'hui, on porte le Prince à l'Empire; il est arrivé poussé par les clameurs des populations. Mais qu'il ne se fie pas à toutes ces ovations, et qu'il dise : Marchons, mais ne nous y fions pas. Les ambitions se réveillent de nouveau pour arriver aux grands pouvoirs de l'État; le choix des hommes est délicat; tous veulent parvenir, tous se croient capables. Il faut donc tact et jugement pour discerner les plus aptes, et surtout les plus loyaux.

Un peu plus loin, nous lisons :

Le Sénat a adopté aujourd'hui 7 novembre 1852, un senatus-consulte qui défère l'Empire héréditaire à S. A. I. le Prince Président sous le nom de Napoléon III, et lui donne le pouvoir de régler dans sa famille l'ordre de succession au trône.

Que de chemin parcouru depuis un an, quel changement dans les idées des masses, quel réveil pour le Chef de l'État! Élu deux fois par le peuple, il devait hésiter encore à monter sur le trône qu'avait occupé son oncle. Rien ne paraissait encore consolidé, la Constitution pouvait être considérée comme un essai, le Sénat, le Corps législatif pouvaient encore douter de leur existence.

Un voyage est décidé. Il se fait avec une certaine inquié-

tude sur les réceptions qui seront faites. Mais l'instinct de
la Nation est porté vers un pouvoir fort et unique, la
crainte de la dissolution de la société, le désir de la stabi-
lité sont dans tous les esprits; petits et grands comprennent qu'il faut rompre avec les utopistes, les idéologues. Tous
se rassemblent autour du neveu de l'Empereur, et le proclament Empereur. La France sort enfin de cette période
de troubles où, dans la lutte acharnée et intestine des
partis elle s'épuisait. Espérons que, dans le calme et la
tranquillité, nous verrons régner la paix, la concorde et la
prospérité. La tâche n'est pas finie, elle commence; mais
il faut espérer que le nouveau souverain saura choisir des
hommes loyaux et intègres qui mèneront son œuvre à
bonne fin. Le peuple tout entier qui l'a poussé au pouvoir
dans un superbe élan de confiance ne lui pardonnerait pas
de trahir ses espérances.

Au passage du Prince à Lyon, les ministres de la Guerre
et des Affaires étrangères du royaume de Sardaigne vinrent pour lui présenter leurs hommages. Le général Gado,
d'origine piémontaise, les invita à dîner et me convia à
cette réception. Je fis ainsi la connaissance du comte de
la Marmora et du duc de Bormida.

Le 19 novembre, me parvint la lettre suivante du duc
de Bormida :

> Turin, le 14 novembre 1852.

Monsieur le Général,

J'ai l'honneur de vous annoncer que le Roi, mon auguste
Souverain, voulant vous donner une marque de sa bienveillance et de son estime pour vos talents militaires, vient
de vous conférer, sur la proposition du ministre de la
Guerre, la croix de Commandeur de l'Ordre royal de Saint-
Maurice et Saint-Lazare.

Je me réserve de vous faire parvenir, par l'entremise
de votre Gouvernement, la décoration de cet ordre, qui
vous est destinée ainsi que votre titre de nomination, et
je vous prie de recevoir en attendant, avec mes félicita-

tions bien sincères, l'assurance de ma considération très distinguée.

Da Bormida.

Cette faveur, que je dois au comte de la Marmora, m'a causé une surprise d'autant plus agréable que je n'avais fait aucune démarche pour l'obtenir.

Appelé quelque temps après à Paris pour le Comité d'infanterie, j'y passai tout le mois de décembre. Ne pouvant monter à cheval faute de monture, j'assistai comme spectateur à l'entrée de Sa Majesté dans la capitale, qui eut lieu le 2 décembre. Les troupes étaient dans une tenue magnifique, l'escorte, composée d'une grande quantité de généraux, était resplendissante. Le parcours de la Barrière de l'Étoile aux Tuileries fut franchi au milieu d'une population enthousiaste et avide de voir le nouvel Empereur qui, maniant son beau cheval avec dextérité, répondait par ses saluts aux vivats et aux acclamations.

Le soir, il y eut grande réception. Les salles restaurées à neuf sont fort belles; la salle du Trône, celle des Maréchaux sont remarquables, et l'on a peine à croire que ce palais a servi pendant de longs mois de logis à d'ignobles gens qui, après une dévastation totale, y avaient élu domicile.

A peine installé aux Tuileries, l'Empereur forma sa Maison militaire. Des grands dignitaires furent nommés, des maréchaux complétèrent le nombre voulu, des bienfaits sans nombre furent la part de ceux qui approchèrent du Trône. Comme toujours des largesses *répandues* sur les mêmes personnes ont excité le blâme des uns, l'envie, la jalousie et l'ambition des autres. Peut-être un peu moins de précipitation eût-elle mieux consolidé les bases du nouvel Empire, eût-elle donné patience à tous, et calmé la soif insatiable d'honneurs qui se fait voir et qui probablement et malheureusement va devenir inextinguible.

Le 30 décembre, j'appris la mort du général Bouscarens, qui a succombé à la suite d'une blessure reçue à Laghouat. Généreux, brave, cœur excellent, tête vive, habitudes créoles, Bouscarens était spirituel, aimable, d'un physique militaire; joli homme, bien tourné, d'une bravoure admirable, il avait tout pour plaire. Parfait honnête homme il jugeait ses semblables d'après ses belles et nobles qualités, aussi très confiant et prodigue en tout, il se trouva souvent dans une position fort gênée. Il est regretté par tous ceux qui l'ont connu, et laisse en Afrique de beaux et glorieux souvenirs.

Le général Canrobert est nommé général de division. Dans le siècle actuel, et surtout à l'époque où nous vivons, la loyauté, la franchise, la générosité sont choses si rares que l'on peut les compter comme exceptionnelles et que l'on doit applaudir quand la fortune jette ses faveurs sur un militaire tel que le général Canrobert.

En février 1850, quand les sales passions et une disgrâce imméritée m'accablaient, lui seul eut la loyauté de prendre ma défense, non seulement près de M. le ministre d'Hautpoul, mais encore près du Président, et, en leur présence, il me rendit justice en disant à haute voix que c'était à ma ténacité, à ma persévérance que l'on devait le succès de Zaatcha, et que j'avais donné à tous l'exemple des vertus guerrières. Toutes les fois que l'occasion se présenta il tint à honneur de répéter le même langage. Aussi ce fut pour moi une véritable joie que d'apprendre sa nomination, et je m'empressai de le féliciter en ces termes :

« J'ouvre à l'instant le *Moniteur*, et j'y vois, que par décret du 14 janvier, vous êtes promu au grade de général de division. Je m'empresse donc de vous adresser mes félicitations bien sincères, car elles sont basées sur l'estime et l'amitié que je vous ai vouées. Je n'ai pas oublié que, pendant que j'étais méchamment miné et sous le coup d'une disgrâce injustifiée, vous avez été reconnaissant, franc, loyal et généreux. Aussi je suis heureux, *très heureux*, de votre nomination. »

Au milieu des nombreuses sollicitations dont il est assiégé, le ministre de la Guerre ne m'a pas oublié, et il m'apprend que mon fils est nommé lieutenant. Cela m'a fait grand plaisir. Entré au service très tard, il vient par sa conduite, son zèle et son assiduité au travail, de rattraper une partie du temps perdu. Son avenir est entre ses mains, et je puis espérer le voir arriver chef de bataillon avant d'entrer moi-même au cadre de réserve. L'année 1853 commence bien.

CHAPITRE XX

Mariage de l'Empereur (février 1853). — Visite du maréchal de Saint-Arnaud à Lyon (août 1853). — Fête de l'Empereur (15 août). — Nommé Grand-croix de l'ordre de Saint-Grégoire le Grand. — Départ du 3e bataillon de chasseurs pour l'armée d'Orient (9 mars 1854). — Affectation à la 1re division du camp du Midi, puis contre-ordre (juin-août 1854). — Mort du général de Lourmel (novembre 1854). — Le lieutenant Herbillon est décoré après l'expédition de Tougourt.

La vie à Lyon est calme et paisible. Au cours des années 1853 et 1854 et jusqu'à son départ pour l'armée d'Orient, en 1855, le général Herbillon a noté quelques anecdotes ou incidents dont nous extrairons ce qui suit :

La nouvelle du mariage de l'Empereur avec la duchesse de Teba, Mlle de Montijo, fut reçue à Lyon avec froideur, la population ouvrière parut très indifférente; l'invitation d'illuminer faite par le préfet à ses administrés n'eut pas grand succès et, à l'exception des monuments publics qui furent garnis de quelques lampions, les rues n'eurent que leur éclairage ordinaire.

Le maréchal de Castellane est rentré de Paris où il était allé pour la célébration du mariage et pour recevoir son bâton de maréchal. Les prétentions du maréchal de Saint-Arnaud, ministre de la Guerre, de marcher avant lui comme maréchal de France le préoccupent beaucoup. Il a adressé à ce sujet une lettre à l'Empereur pour que la hiérarchie basée sur les règlements en vigueur ne soit pas violée. C'est une question de principe, dit-il, qu'il portera jusqu'au Conseil d'État si Sa Majesté ne fait pas droit à sa requête.

Malgré ses réclamations, l'*Annuaire* de 1853 le porte à la gauche des maréchaux, c'est-à-dire à la suite des maréchaux de Saint-Arnaud et Magnan.

Le maréchal de Saint-Arnaud annonça son arrivée à Lyon pour le 3 août; il y séjourna le 4, et repartit pour Paris dans la soirée du 5.

Les troupes réunies formèrent la haie du débarcadère à l'hôtel de la préfecture. L'ordre avait été donné de leur faire crier : « Vive l'Empereur ». Rien ne peut décidément corriger les gouvernants de cette aberration. Il leur faut toujours ces démonstrations qui n'aboutissent qu'à mécontenter les uns et souvent blessent les autres, car on peut servir son pays avec cœur, et au fond de soi préférer tel souverain à tel autre; mais non, il faut des cris que les soldats profèrent tant bien que mal. A mon avis, un silence militairement gardé produit un effet autrement solennel et imposant que ce tumulte de voix discordantes. A une époque bien éloignée, j'ai entendu ce même cri sur les champs de bataille; il partait de l'âme; et là, au milieu de la mitraille, des tués et des blessés, le cri était unanime, car dans ce temps-là on ne voyait que la gloire de l'homme dont tous les soldats étaient fous, mais aujourd'hui, il faut crier pour permettre aux intrigants de faire étalage de leur zèle et prouver leur soi-disant dévouement à la personne du Souverain.

Le soir, il y eut grand dîner à la préfecture, et comme d'usage des toasts furent portés. C'est à qui ferait assaut pour trouver les mots, les phrases pouvant le mieux encenser le ministre, certains ne se rappelant plus sans doute qu'ils l'auraient envoyé à la potence s'il n'avait pas réussi dans le mouvement du 2 décembre.

Au milieu de cette avalanche de discours, l'Impératrice avait été oubliée. J'ai cru devoir demander la parole, et, en deux mots, je portai mon toast qui fut accueilli avec succès.

Le lendemain 4, dès 7 heures du matin, les troupes se mirent en mouvement pour se réunir à l'Ile de la Passe où, à 11 h. 15, arrivèrent le ministre et le maréchal de Castellane. De suite après la revue, on prit position pour faire un simulacre de combat; après de nombreux coups de canon tirés et une fusillade soutenue, les troupes regagnèrent leurs quartiers, sauf la brigade Mellinet, venue du camp de Sathonay pour attaquer les troupes en position, qui y rentra et y fut passée en revue par le maréchal de Saint-Arnaud, lequel, après avoir visité le camp, nous fit compliment sur sa propreté et son installation.

Le maréchal de Castellane avait fait préparer un splendide repas. Soixante convives étaient prêts à se mettre à table lorsque survint un ouragan terrible qui brisa une partie du service, délaya tous les mets, et fit de la salle à manger un véritable lac; ce fut avec peine qu'on empêcha la tente du maréchal d'être enlevée; les convives se mirent aux montants pour la maintenir. Quand le vent et la pluie eurent cessé, on se mit à table en faisant bonne contenance, on fut même très gai, mais, pour la plupart mouillés, transis, les convives, après avoir dégusté un remarquable bordeaux, se levèrent de table et s'empressèrent de boire le café pour regagner leurs pénates.

Cette journée fut très fatigante pour les troupes qui, fort heureusement, avaient rejoint leurs quartiers lorsque l'orage éclata, et elles n'eurent pas à souffrir des cataractes d'eau qui inondèrent la ville et les environs.

Le ministre parla assez longuement et fort aimablement avec moi. Il m'exprima son intention de me laisser à Lyon, même au cas où le maréchal de Castellane s'en irait; mais, comme tout change en ce bas monde, il ne faut pas trop se fier aux promesses et aux bonnes intentions, que les moindres incidents peuvent détruire.

La population ne se mêla en rien à la réception faite au ministre; il y eut simplement beaucoup de curieux à son arrivée, mais cette foule resta froide.

* * *

Le 15 août 1853, fête de l'Empereur. Le programme de cette fête fut conforme à la tradition : messe fort longue où l'on étale les plus beaux ornements de l'Église, où les prêtres de tous rangs s'étudient pour rester impssables, où les assistants prient très peu et d'une façon distraite. Après la messe, grande revue des troupes sur la Place Bellecour, mais ce qui n'était pas prévu, c'est une nuée affreuse qui creva et nous doucha abondamment.

Le maréchal de Castellane portait pour la première fois son bel habit chamarré. A son arrivée à la droite des troupes, la pluie commença à tomber à gros bouillons et ne cessa qu'après le défilé. Nous rentrâmes trempés jusqu'aux os pour aller ensuite dîner au camp de Sathonay, où le maréchal nous offrit un très beau repas.

A 9 heures, je traversai la Croix-Rouge et les quais du Rhône; personne n'avait illuminé. La Place Bellecour, celle de la Charité et les rues avoisinantes étaient encombrées de curieux regardant le feu d'artifice tiré à Fourvière. A 9 h. 30, la ville avait repris son aspect ordinaire et la fête du 15 août se terminait sans enthousiasme ni entrain. Le temps de ces grandes fêtes où la population criait avec feu : « Vive l'Empereur » est passé. Comme les gouvernements qui se sont succédé en ont abusé, il en résulte qu'aujourd'hui, les masses voient, observent et rentrent en réfléchissant.

*
* *

Le 20 octobre, à 8 heures du matin, je reçois une lettre du maréchal de Castellane m'invitant à passer chez lui à 9 heures. Je me rendis à cet appel. A peine la porte fut-elle ouverte, que le maréchal m'embrassa avec effusion en m'annonçant que, sur sa demande, le Pape m'avait nommé grand-croix de l'Ordre de Saint-Grégoire le Grand.

J'ai été très sensible à cette marque d'attention. Il m'avait dit qu'il ferait tout ce qui dépendrait de lui pour me faire avoir un grand cordon. Il a tenu parole et cela me prouve une fois de plus que si le maréchal est souvent exigeant et parfois difficile, il n'oublie jamais les officiers dont il apprécie les services.

**

Au mois de juillet 1853, la Russie avait envahi les provinces danubiennes et, le 30 novembre, la flotte turque avait été détruite par les Russes dans la rade de Sinope. Les escadres française et anglaise avaient été envoyées dans la Mer Noire.

Toutefois, avant de rompre avec la Russie, l'Empereur avait proposé au czar Nicolas, en janvier 1854, de signer un armistice avec la Turquie; sur le refus de celui-ci, les relations diplomatiques avaient été rompues. M. le maréchal de Castellane me dit, le 25 février 1854, qu'il avait reçu des nouvelles de Paris. L'Empereur n'avait pas d'abord l'intention d'envoyer un corps expéditionnaire en Orient, mais l'Angleterre nous entraîna dans son mouvement, car si le drapeau anglais flotte sur les murs de Constantinople, il est indispensable que le nôtre s'y trouve aussi.

Le général Baraguey d'Hilliers prendrait le commandement de ce corps expéditionnaire d'environ 15.000 hommes, ayant avec lui les généraux Bosquet et Canrobert.

Le maréchal me dit que la situation paraît à tous très grave et que l'on se demande si on ne va pas à une conflagration générale; en tous cas, l'effectif de ce corps expéditionnaire paraît tout à fait insuffisant et il faut s'attendre à devoir bientôt le renforcer très sérieusement.

Quelques jours après, j'apprends que c'est le maréchal de Saint-Arnaud qui prend le commandement de l'armée d'Orient. Il est encore, paraît-il, très souffrant, sortant à peine d'une grave maladie. Le maréchal Vaillant sera ministre de la Guerre.

Le 3e bataillon de chasseurs à pied devant partir pour l'armée d'Orient, je le passai en revue avant son départ, le 9 mars 1854, sur la Place Bellecour. Avant le défilé, les officiers et sous-officiers ayant formé le cercle, je leur adressai le petit speech suivant :

« Officiers, sous-officiers et soldats, je vous félicite sincèrement du choix que S. M. l'Empereur a fait du 3e bataillon de chasseurs pour faire partie de l'armée d'Orient. Vous allez, soldats, fouler un sol plein de hauts et nobles souvenirs, vous allez vous trouver en face de l'armée russe que vos pères ont vaincue à Zurich, dans les plaines d'Austerlitz, à Smolensk, à la Moskowa, armée qui sans le secours des frimas et la coalition de toute l'Europe, n'aurait jamais pu vaincre la France. Allez porter le nom et l'honneur français sur les bords du Danube et du Pont-Euxin, comme il y a un demi-siècle nos bataillons les ont portés dans la haute et la basse Égypte où le souvenir du grand homme qui les commandait est resté aussi solidement assis que les pyramides qui dominent ce vaste pays et aussi vénéré que le Nil qui le féconde.

« Soldats, je vous suivrai de mes vœux et je serai fier si un jour je puis avoir encore l'honneur de vous commander.

*
* *

Le 7 juin, le chef d'état-major du maréchal m'envoya une lettre de service me nommant au commandement de la 1re division d'infanterie du Camp du Midi, sous les ordres de M. le général de division d'Hautpoul, tout en m'informant que je devais conserver jusqu'à nouvel ordre ma position actuelle.

J'avais déjà été officieusement avisé quelques jours avant de cette affectation et j'avais, comme c'est régulier, écrit à ce sujet à M. le général d'Hautpoul avec lequel, cependant, pour des raisons multiples, j'étais plus qu'en froid. Il me répondit par retour du courrier en termes fort obligeants.

Paris, le 7 juin 1854.

« Mon cher Général,

« J'ai reçu votre lettre du 5 juin. Je ne doute pas que je trouve en vous au camp du Midi, le même homme que j'ai connu en Afrique, se faisant remarquer par son zèle son énergie et la bonne instruction que vous donnez aux troupes sous vos ordres.

« Je suis heureux et fier de vous voir maintenant commandant la 1re division d'infanterie de l'armée du Midi. Nous aurons à former ensemble de bons soldats; j'espère y parvenir facilement avec le concours d'un homme tel que vous.

« Recevez, mon cher Général, l'assurance de mon sincère attachement.

« *Le Commandant en chef de l'Armée du Midi,*

Général Marquis D'HAUTPOUL. »

Cependant, de nouvelles dispositions ayant été prises, je fus avisé quelque temps après par le maréchal Vaillant, ministre de la Guerre, que mon affectation au camp du Midi était annulée et que je restais au commandement de la 1re division d'infanterie à Lyon.

A la fin de novembre, j'appris la mort du général de Lourmel, tué sous les murs de Sébastopol (5 novembre 1854). C'était un brave et vaillant soldat, vif, impétueux qui se précipitait tête baissée au milieu du danger. D'un entrain remarquable, il relevait ses troupes par l'exemple de son courage héroïque qui, malheureusement, n'était pas toujours chez lui assez réfléchi.

Je l'ai eu sous mes ordres en Afrique, quand il était lieutenant-colonel au 8e de ligne. Son vif désir de se distinguer, son zèle, son ardeur et son activité me le firent remarquer. Je lui confiai donc en 1848, le commandement du Cercle de Philippeville, où la situation était des plus difficiles à cette époque. Avec la plus grande intelligence, cet officier supérieur s'acquitta de ses fonctions; il eut vite fait de parcourir les tribus et les douars, de se rendre compte des causes de mécontentement qui existaient, de se mettre au courant de toutes les affaires arabes. Ses rapports étaient toujours clairs et précis, son administration bien conduite. Il avait fait du très bon travail quand des raisons d'organisations et le désir que j'avais de lui donner un commandement de troupes dans les expéditions que je projetais me firent le rappeler à son régiment.

Le 11 novembre 1849, il vint me trouver devant Zaatcha et se montra fort étonné tout d'abord que le village n'eût pas encore été pris. Avec son impétuosité ordinaire, il ne me le cacha pas et me demanda de lui confier la tâche de s'en rendre maître avec deux compagnies de plus que son régiment. Je calmai son ardeur en lui montrant les difficultés que nous avions trouvées le 20 octobre; mais je ne l'avais pas persuadé quand, pendant l'expédition que je fis contre les nomades, les sorties des Arabes et une étude plus claire de la situation lui firent comprendre que j'avais raison.

Le 26 novembre, il se distingua tout particulièrement dans l'assaut final où il commandait la colonne de gauche et fut merveilleux de valeur et d'élan.

Je le retrouvai à Paris en 1851, toujours le même, sympathique par sa vivacité, son brio et son ardeur chevaleresque. Il était fort ambitieux, dit-on; sa belle conduite militaire, sa mort héroïque justifient grandement cette ambition qui était placée dans un cœur noble, imbu de hauts et bons sentiments.

Le 28 décembre, le colonel Desvaux, avec qui mon fils vient de faire l'expédition de Tougourt, m'a envoyé cette lettre qui me cause une grande joie :

« Mon général,

« Je ne saurais trop vous faire l'éloge du zèle et de l'intelligence de votre fils. Depuis le commencement de l'expédition, il m'a été fort utile et j'ai eu le plaisir de le proposer pour la croix de chevalier en le recommandant de façon toute particulière...

J'ai été d'autant plus sensible à cette bonne nouvelle

que c'est dans la subdivision de Batna, créée et organisée par moi, que mon fils a reçu presque au début de sa carrière la récompense que tout militaire envie.

Il m'écrit lui-même que le 68e n'allant pas à l'armée d'Orient, il me prie de le faire venir près de moi si possible au cas où, selon que c'est prévu, je partirais moi-même pour cette armée.

CHAPITRE XXI

Départ de la division pour l'armée d'Orient (février-mars 1855). — Arrivée à Constantinople. — Camp de Maslak. — Départ pour la Crimée. — Camp de Kamiesh (16 juin). — Incident produit par une erreur de l'État-major. — Échec du 16 juin. — Commandement des lignes de la Tchernaïa (21 juin). — Lettres adressées au camp de Traktir.

En 1855, la division du général Herbillon est désignée pour rejoindre l'armée d'Orient. Elle comprenait les 62e et 73e, 47e et 52e régiments d'infanterie. Le 29 mars, le général que son fils accompagnait en qualité d'officier d'ordonnance, débarquait en même temps que les derniers éléments à Constantinople.

Le séjour au camp de Maslak, disent les notes, fut rendu pénible par suite des intempéries et des maladies. Enfin, après avoir été passée en revue par le Sultan, ma division quitta le camp et débarqua en Crimée, le 16 mai, à Kamiesh, où elle s'établit à 2 kilomètres de la plage.

A peine installés, l'ordre nous fut donné de fortifier les plateaux qui dominent la plage et la rade de Kamiesh. Il était de toute nécessité et de toute prudence de mettre à l'abri par une fortification sérieuse ce point important.

J'étais débarqué depuis deux jours quand le général Canrobert quitta le commandement en chef pour reprendre celui d'une division. Il fut immédiatement remplacé par le général Pélissier qui se faisait fort, paraît-il, de pousser rapidement les choses. C'est un homme énergique, mais dont l'abord n'est pas particulièrement agréable.

Le général Canrobert laisse des regrets car il est franc, d'un cœur noble, d'un caractère conciliant et d'une grande bonté. On lui en veut de la lenteur avec laquelle il a conduit les opérations. Sans doute ne s'est-on pas suffisamment rendu compte des difficultés qu'il avait à surmonter. Il m'a laissé comprendre que ne pouvant décidément pas s'entendre avec les Anglais, il a préféré résilier son commandement ; leurs idées ne pouvant concorder avec les nôtres et leur volonté qui est souvent de l'entêtement, les mettaient sans cesse en contradiction avec la sienne. Malgré les nombreux conseils que ses amis lui ont donnés, le général Canrobert n'a pas voulu quitter la Crimée et a tenu à rester à la tête d'une division. Je crains pour lui que sa situation ne soit souvent fausse et difficile.

Dans les nuits du 22 au 23 et du 23 au 24, des attaques furent poussées sur les lignes russes établies du bastion du Mât au cimetière ; la lutte fut acharnée et les lignes furent prises et reprises tour à tour ; enfin elles restèrent entre nos mains, mais les pertes ont été très sérieuses : environ 2.000 hommes tant tués que blessés.

Le 6 juin, je recevais la lettre suivante :

« Devant *Sébastopol*, 6 juin 1855.

« Mon cher Général,

« D'après les ordres du général en chef, votre division partira demain matin au jour de Kamiesh pour se rendre sur la Tchernaïa où le général Morris lui assignera sa position.

« Vous emmènerez toutes vos troupes y compris les bataillons attachés au service de la plage et ne laisserez qu'un officier chargé de faire la remise au campement de toutes les grandes tentes.

« Il est entendu que dès demain et jusqu'à nouvel avis, votre division sera placée sous les ordres de M. le général Morris, en ce qui concerne les opérations de guerre, mais elle continuera à rester sous les miens en ce qui concerne l'administration, les situations, etc...

« *Le Général commandant le Corps de Réserve,*

REGNAUD DE SAINT-JEAN D'ANGÉLY.

Cet ordre me mettait dans une situation anormale puisque j'allais me trouver sous les ordres du général Morris qui était moins ancien que moi. Je commençai par me soumettre aux ordres donnés tout en faisant observer que mon ancienneté me donnait des droits au commandement mais sans protester. Le général de Saint-Jean-d'Angély me répondit, le 9 juin :

« Mon cher Général,

« J'ai reçu la lettre que vous m'avez écrite hier; j'ai partagé entièrement votre manière d'envisager la position qui vous est faite par suite de l'adjonction de votre division aux troupes placées sous les ordres du général Morris et je me suis empressé de soumettre vos observations au Général en chef en le priant de les prendre en considération.

« REGNAUD DE SAINT-JEAN D'ANGÉLY.

Quelques jours après, je retournai à Kamiesh et je fus remplacé sur la Tchernaïa par la division Brunet qui y était avant moi. L'erreur, paraît-il, était due à une faute de l'État-major!.

Les succès obtenus à la suite des affaires des 23, 24 mai, 7 juin et l'heureuse course sur le Kertch avaient donné grande confiance au Général en chef et, comptant aussi sur la démoralisation des Russes, il crut devoir presser les attaques qu'il avait projetées sur la tour de Malakoff sur le bastion du Carénage, sur celui du Redan. Ses instructions furent données et, après l'enlèvement de ces trois ouvrages, on devait immédiatement agir sur le bastion du Mât et celui du Centre, par conséquent se rendre maître de tous les ouvrages extérieurs. En même temps et à un moment opportun, les Piémontais, les Turcs, quatre divisions françaises, toute la cavalerie devaient faire un mouvement tournant, s'emparer des batteries russes établies sur les hauteurs de droite de la Tchernaïa, se porter sur le plateau de la ferme Mackenzie et se diriger sur Batchiserai si le Général en chef le jugeait nécessaire. Le 18 juin, anniversaire de la bataille de Waterloo, fut choisi pour frapper ce grand coup sur le succès duquel on ne paraissait avoir aucun doute.

Les divisions Brunet, Mairan, d'Autemarre et la Garde sous les ordres du général Regnaud de Saint-Jean d'Angély furent chargées de l'attaque de droite.

Le général de Salles, avec les divisions Paté, Bouat, d'Aurelle, Levasseur, devait attaquer les bastions du Mât et du Centre.

Les Anglais étaient chargés d'enlever le bastion du Redan.

Les divisions Canrobert, Camou, Dulac, Herbillon et le général Morris, sous les ordres du général Bosquet, devaient opérer en rase campagne.

Le 17, les troupes se portèrent aux points qui leur avaient été indiqués.

Le 18, à 3 heures du matin, les divisions Brunet et d'Autemarre se portèrent sur la tour de Malakoff et la division Mairan sur le Carénage; ces trois divisions étaient soutenues par la division de la Garde, général Mellinet.

Il paraît que les Russes de leur côté avaient médité une attaque sur le Mamelon Vert et que leur sortie devait se faire en même temps que notre attaque. Nous ayant aperçus, ils nous laissèrent approcher, garnirent de défenseurs leur parapets, et nous reçurent avec une fusillade très vive et une mitraille bien nourrie. Le général Brunet fut tué à la première décharge; ses troupes hésitèrent et rentrèrent même un peu en désordre dans le Mamelon Vert. Le général Mairan, à la tête de sa division, se porta hardiment sur le point qui lui avait été assigné; les navires embossés et les batteries russes le reçurent sous un feu qui le prenait de tous les côtés; il reçut un biscaïen qui lui fracassa deux côtes au-dessus du cœur. Il tomba, et sa division chercha à se mettre à l'abri en se défilant.

La division d'Autemarre fut plus heureuse; elle parvint à la tour de Malakoff; mais les Anglais n'ayant pas réussi dans leur attaque du Redan, elle fut obligée de se retirer.

Cette affaire, qui devait nous rendre maîtres de la ville, manqua donc complètement.

Pendant le combat, nous restâmes prêts à nous mettre en route. Les divisions de l'attaque de gauche essayèrent, dans la nuit du 18 au 19, une attaque sur le Mamelon, mais elles furent repoussées.

On dit qu'à la suite de cet échec on prit le parti de cheminer avant d'essayer une seconde fois l'attaque de Malakoff; malheureusement ces combats partiels souvent renouvelés nous ont coûté des pertes énormes. Ainsi les divisions Mairan, Brunet, qui ont déjà souffert aux journées des 7 et 8 juin, se trouvent réduites au point de n'être plus que de simples régiments. C'est là qu'on voit combien il est peu judicieux d'avoir des corps si faibles qu'une seule affaire sérieuse peut presque les réduire à zéro, et combien vicieux est le système actuel qui multiplie le nombre des états-majors qui finissent par être en grande disproportion avec le nombre des combattants et deviennent un véritable embarras.

Le 21 juin dans la matinée, je recevais l'ordre suivant:

ARMÉE D'ORIENT
2ᵉ corps
—
Nᵒ 251

ORDRE

Par décision du général en chef, le général Bosquet quitte pour retourner au siège, le commandement des troupes françaises sur la Tchernaïa. En vertu de la même décision, le général Herbillon le remplace dans ce commandement. La remise de ce commandement sera faite aujourd'hui 21 juin, avant 5 heures du soir.

Au Camp de Traktir, le 21 juin 1855.

Le Général commandant le 2ᵉ corps,

Signé : BOSQUET.

Pour copie conforme :

Le Général Chef d'État-major,

DE CISSEY.

En même temps, j'étais informé que S. A. Omer-Pacha et le général La Marmora prendraient le 22, pour ligne de bataille la Tchernaïa. Omer-Pacha devait occuper Baïdar et le pont de Teulé en jetant des postes vers Baga. Le général La Marmora devait occuper par des postes sur la rive droite de la Tchernaïa les dernières pentes qui couvrent Tchergouze. Le gros de ces forces serait sur la rive gauche de la Tchernaïa; se reliant avec Omer-Pacha par sa droite, avec nous par sa gauche.

Le lendemain de ma prise de commandement, je recevais l'avis suivant :

ARMÉE D'ORIENT
État-major général
—
Nº 482   Devant Sébastopol, le 22 juin 1855.

Général,

Votre rapport de ce jour nº 1 m'a appris que hier soir les Russes étaient descendus dans la plaine pour se procurer de l'eau à la Tchernaïa. Toutes les dispositions qu'ils ont prises pour venir puiser de l'eau sembleraient prouver qu'ils en manquent dans leur camp; c'est donc une raison de plus de les gêner dans ce service s'il n'est pas possible de les empêcher complètement de venir jusqu'à la Tchernaïa.

Je n'ai pas besoin de vous détailler ce que vous avez à faire en pareille circonstance; qu'il me suffise de vous dire que toutes les mesures que vous prendrez pour faire guetter les abords de la Tchernaïa pendant la nuit et pour faire enlever les Russes qui voudraient venir puiser de l'eau auront toute mon approbation.

Le Général en chef.
Par son ordre :
Le Chef d'État-major général,
DE MARTIMPREY.

Les mesures avaient déjà été prises.

Le 8 juillet, me parvenait la lettre suivante :

Devant Sébastopol, le 8 juillet 1855.

Général,

Je viens de vous écrire officiellement au sujet de la protection qu'avec ses forces actuelles le général d'Allonville doit assurer dans la vallée de Baïdar à l'opération faite par l'administration militaire pour se procurer du foin.

En ce qui touche au bataillon grec d'Yalta, je vous écris *confidentiellement*, car le secret peut seul faire réussir de pareilles opérations, et on les rend dangereuses en les divulguant. Faites bien étudier toutes les données d'un pareil coup de main. Rendez-m'en compte, et, s'il y a lieu, je vous ferai sans bruit arriver un deuxième bataillon de chasseurs à pied qui, joint à celui dont le général d'Allonville dispose, suffirait ou devrait suffire à cette opération.

Il ne peut être question d'ailleurs d'augmenter les forces dont le général d'Allonville dispose pour la mission qui lui est confiée de surveiller la vallée de Baïdar, d'empêcher les coureurs ennemis de s'y établir et finalement d'assurer à notre armée le bénéfice du fourrage qu'on peut récolter dans cette vallée dans un certain rayon susceptible d'être protégé.

Le Général en chef,

PÉLISSIER.

Cette note m'a été adressée après une étude que j'avais faite en vue d'une petite opération qui eut pour but d'assurer en toute sécurité la liaison entre nos positions et Yalta.

Ici se place une lettre que le général Herbillon écrivait à sa nièce :

Camp de Traktir, le 17 juillet 1855.

Ma bonne Amie,

Je reçois à l'instant ta lettre du 2 juillet, et je profite d'un moment de tranquillité pour te répondre.

. . . .

Depuis mon arrivée en Orient, ma division a été abîmée par le choléra. J'ai perdu 800 hommes pendant mon séjour à Constantinople, mon brave domestique qui depuis était avec moi a succombé en vingt-quatre heures. Nos hommes travaillent considérablement et travaillent avec courage. C'est une rude guerre, et la France laissera en Crimée un grand nombre de ses enfants.

Pour le moment, je suis avec mes troupes en observation sur la Tchernaïa. Les Russes sont vis-à-vis de nous; nous sommes séparés par une large vallée et une petite rivière; on a pensé qu'ils m'attaqueraient, étant beaucoup plus nombreux que nous, mais ils paraissent disposés à nous laisser tranquilles. Je ne m'y fie pas.

Malgré les fièvres qui commencent, le choléra qui ne quitte pas l'armée, ma santé se maintient bonne, et, sauf quelques indispositions, suites inévitables du campement et de la nourriture, je me porte même mieux qu'en France. Nous avons eu des chaleurs insupportables qui rendaient le séjour de la tente presque impossible; aujourd'hui nous avons des orages qui mouillent et ne rafraîchissent pas la température. Nos soldats sont admirables, mais ce siège est trop long, et, ce qui est naturel, grands et petits en désirent la fin.

Mon fils se porte bien. Amitiés à ta famille.

Au maréchal de Castellanec, il écrivait le 6 août (1) :

... On a continué de cheminer sur la Tour de Mala-

-----

(1) La lettre complète se trouve dans l'ouvrage *Campagnes de Crimée, d'Italie*, etc... contenant la correspondance adressée au maréchal de Castel-

koff. On est en ce moment à 80 mètres, et, comme la confiance n'est plus la même qu'avant l'affaire du 18 juin on n'ose plus rien hasarder. On prétend que le génie s'est même prononcé sur l'impossibilité de prendre Sébastopol sans un investissement complet, et que l'artillerie craint de ne pouvoir éteindre le feu de la Place. Si cela est, c'est avouer un peu tard que des grandes fautes ont été commises.

... On annonce encore des divisions; j'espère que ce n'est qu'un bruit, car nous sommes beaucoup trop de généraux, d'états-majors, et même d'officiers de troupes. Ce qu'il faut, Monsieur le Maréchal, ce sont de gros bataillons, de fortes divisions. Le feu de l'ennemi et surtout les maladies, font des vides énormes, et un régiment, après quelques mois de débarquement, se trouve réduit à un effectif très minime. J'ai aujourd'hui dans ma division 1.758 hommes aux hôpitaux, et 509 malades sous la tente. Le 73e a déjà perdu 10 officiers par suite de maladies.

Ma division, quoique sur le Plateau de la Tchernaïa, n'en fait pas moins le service du siège. Le 62e s'est dernièrement parfaitement conduit; deux décorations et deux médailles lui ont été immédiatement accordées.

Le choléra fait toujours quelques victimes.

... Le général Canrobert est parti samedi pour la France; il est regretté. Ses amis l'ont vu partir avec peine, quoique le félicitant de lui voir quitter l'armée. Sa position était extrêmement fausse.

---

lane et faisant suite aux *Mémoires* de ce dernier. (E. Plon Nourrit et Cie, imprimeurs-éditeurs). On trouvera dans ce chapitre et dans le suivant des extraits de ces lettres.

CHAPITRE XXII

Correspondance avec le général Pélissier et le général d'Allonville. — Bataille de Traktir (16 avril 1855). — Incident avec le général Pélissier. — Impressions des combattants.

Le général en chef ne croyait pas beaucoup à une attaque des Russes sur nos lignes. Je ne partageais pas sa manière de voir et connaissant les forces sérieuses qui étaient en face de nous, j'avais fait étudier et préparer le terrain et donné des instructions très complètes pour être prêt en cas d'attaque. La crise n'allait pas tarder à se produire.

Le 12 août, le général en chef m'écrivit :

« M. le Général en chef de l'Armée anglaise vient de me faire prévenir qu'il résultait des renseignements recueillis par un de ses agents que les Russes se préparent à une attaque générale fixée à demain 13 courant.

« Je n'ajoute pas une foi entière à ce renseignement. Néanmoins, je vous en préviens afin que vous puissiez redoubler de surveillance et que, le cas échéant, tout soit prêt pour l'exécution des dispositions arrêtées dans cette prévision... »

Ces dispositions étaient celles que j'avais arrêtées le 27 juillet.

Le 15 août, je recevais du général d'Allonville détaché dans la vallée du Baïdar, la dépêche télégraphique suivante :

« Mordrinoff-Serai, 7 heures du soir.

« Attaque probable des deux côtés... Serons bien faibles... »

Interrompue par le brouillard.

Pendant la nuit, un cavalier m'apportait la dépêche complète. La voici :

« Les renseignements que je reçois de deux côtés différents, et par des hommes sûrs, indiquent une concentration d'infanterie sur Ozenbach et de cavalerie sur Cardonebell.

« Je prends des précautions, mais je suis bien faible et bien embarrassé du troupeau et des magasins. Envoyez-moi un peu d'infanterie et tenez la cavalerie prête à marcher. »

J'avais transmis immédiatement la dépêche interrompue par le brouillard au général en chef qui m'écrivit :

« G. Q. G. Devant Sébastopol, 15 août 1855.
9 h. 30 du soir.

« Général,

« Je reçois à l'instant 9 h. 1/2 votre lettre partie du Camp à 7 h. 1/2 et datée assez légèrement du 14 août quand nous sommes le 15.

« D'abord, vous deviez indiquer l'heure, indiquer en même temps l'heure de la dépêche télégraphique. Je vous invite de nouveau et une fois pour toutes à indiquer l'heure des dépêches de cette nature.

« Maintenant, je m'étonne qu'après une indication aussi vague, n'appuyant sur aucun renseignement précis et après l'avis qui vous est donné si incomplètement, vous n'ayez pas envoyé immédiatement un officier au général d'Allonville afin d'obtenir un renseignement plus circonstancié. Veuillez y suppléer sans le moindre retard et me tenir aussitôt informé de ce qui vous parviendra.

« J'avais reçu cet après-midi des avis indirects que le général d'Allonville pouvait être menacé. Je lui ai répondu directement une lettre dont je vous envoie copie, par duplicata, vous l'ayant communiquée sous cachet volant.

« Il ne faut pas que vous perdiez de vue le petit camp de l'Intendance de Pshatka-sous-Phoros qui aurait à se

rembarquer immédiatement en cas d'attaque. Avisez-le
sans retard. »

Le Général en chef,
PÉLISSIER.

La lettre adressée au général d'Allonville était ainsi
conçue :

15 août 1855.

« Général,

« Des bruits dont je ne puis vérifier la valeur indiquent
l'arrivée de renforts à l'Armée russe et des intentions d'attaque générale.

« Dans ce système, l'ennemi se renforcerait sur sa gauche, ferait filer de l'infanterie sur les plateaux d'Izalia et
projetterait de déboucher sur vous par les passages que
vous observez et gardez sur notre droite extrême.

« Vous devez redoubler de surveillance à cet égard. Je
sais que je puis m'en rapporter à vous. J'ajoute que si
vous veniez à être menacé d'une attaque, vous devriez
vous replier et évacuer la vallée de Baïdar, afin de ne pas
engager une action séparée qui nous forcerait à nous divi-
ser sur notre centre, tandis que je compte sur vous pour
nous renforcer au besoin et saisir les avantages d'une
affaire décisive. »

Le Général en chef,
PÉLISSIER.

Ces deux lettres prouvent à l'évidence qu'au Grand Quartier général pas plus qu'ailleurs on ne prévoyait une attaque des Russes sur la Tchernaïa.

Les chicanes contenues dans la lettre du général Pélissier sont insignifiantes. On avait dit : « Je vous transmets
sans retard la dépêche télégraphique reçue à l'instant. »
Il était sans intérêt qu'elle portât 6 h. 1/2 ou 7 h. 5 minutes.

Je lui répondis :

« Mon Général,

« J'aurais dû, il est vrai, indiquer sur la lettre que j'ai eu l'honneur de vous adresser, l'heure de 7 heures du soir que portait la dépêche télégraphique de M. le général d'Allonville.

« Je n'ai pas cru devoir envoyer un officier à cet officier général, parce que, sachant lui-même que sa dépêche n'avait pu passer, il allait m'en envoyer la confirmation par ordonnance, et, en effet, au moment où je recevais votre dépêche du 15 août 9 h. 1/2 du soir, cette confirmation m'arrivait. Elle était ainsi conçue :

« ..... (Voir plus haut.)

« Dois-je envoyer à M. le général d'Allonville de l'infanterie comme il le demande? Je vois par votre dépêche à lui adressée, que je lui ai fait passer aussitôt que je l'ai reçue, qu'il doit évacuer la vallée de Baïdar s'il venait à être attaqué, j'attendrai donc vos ordres à cet égard.

« Je lui écris au sujet du petit camp de l'intendance établi à Pshatka-sous-Phoros, mais j'ignorais complètement son existence. »

L'avis du général d'Allonville me faisant connaître qu'il s'attendait à être attaqué, j'en conclus que l'ennemi tenterait sans doute une attaque sur nos lignes. En conséquence, j'en informai les chefs de l'armée sarde et de l'armée turque, ainsi que les généraux Morris, Camou et Faucheux, en les prévenant de se tenir sur leurs gardes.

Pendant la nuit, six divisions russes d'infanterie et trois de cavalerie parties des hauteurs de Mackenzie et du haut Schouliou, étaient venues prendre position sur la rive droite de la Tchernaïa et sur les hauteurs qui dominent le Schouliou.

Le 16 août, à 4 heures du matin, la 17e division russe attaque les avant-postes piémontais et les force à repasser la rivière. Immédiatement après, une nombreuse artillerie borde la crête du plateau; en même temps, des pièces russes placées à mi-côte ouvrent un feu très vif sur nos embuscades placées le long de la rivière.

Au premier coup de canon, les trois divisions furent sous les armes, et les dispositions que j'avais prescrites à l'avance furent prises à l'instant même.

Un brouillard très épais régnait sur la Tchernaïa. La fumée des pièces russes ne pouvait s'élever. Aussi je ne pouvais distinguer quel serait le point d'attaque choisi par l'ennemi. Toutes nos embuscades soutenues par quelques bataillons descendus le long du canal tenaient bon et retardaient le passage de la rivière. Trois divisions russes (7e, 12e et 5e en réserve) se portent en avant : la 7e à droite vers la maison blanche située vis-à-vis le mamelon que j'occupe, la 12e soutenue par la 5e, droit sur le pont de Traktir.

La 7e division repousse les hommes embusqués et marche sur le centre de ma position. Le général de Wimpfen s'aperçoit de ce mouvement; il donne l'ordre au colonel Douay du 50e de charger les Russes à la baïonnette. Ce brave régiment s'élance et refoule l'ennemi au delà du canal.

En même temps d'autres troupes de la 7e division russe attaquaient la partie du canal en avant de la petite maison blanche. Mais cette colonne rencontre le 3e zouaves, qui le colonel de Polhes en tête, charge les Russes. Un combat acharné s'engage, le colonel est blessé, son régiment ayant devant lui un adversaire d'un effectif cinq fois supérieur au sien, lutte avec vigueur. A ce moment, le colonel Castagny, du 82e, débouche avec le 1er bataillon de son régiment et, malgré son infériorité numérique, n'hésite pas à se jeter sur le flanc gauche de la colonne russe; celle-ci surprise, s'enfuit et repasse en désordre la Tchernaïa.

Les tirailleurs algériens, sous les ordres du colonel Roze, appuient le mouvement du 82e et des zouaves, la 4e batterie du 13e (capitaine des Essarts) a contribué par son feu à ce brillant succès.

Le colonel Ganze avec son 6e de ligne a maintenu sa position sur le canal. La division russe n'a pu se rallier que quelques heures plus tard sous la batterie Bilboquet et n'a plus pris part au combat.

La 12e division russe avait suivi la rive droite de la Tchernaïa, et, à 4 h. 30, elle attaquait le pont de Traktir. Le général Faucheux n'avait à ce moment sous la main que le 2e zouaves, le 19e bataillon de chasseurs et la 6e batterie du 13e. Il établit ses pièces de manière à battre tout le terrain en avant du pont de Traktir et fait soutenir cette batterie par un bataillon de zouaves et trois compagnies de chasseurs. Le général de Failly, spécialement chargé de la défense du pont, avait pris ses dispositions avec les faibles ressources qu'il avait à ce moment, plaçant la 3e batterie de ma division à gauche du pont pour qu'elle puisse croiser ses feux avec l'autre batterie et la faisant soutenir par un bataillon du 97e. Arrivés à 400 mètres, les Russes, sous la protection de leurs batteries placées sur la hauteur précédemment occupée par les Piémontais, débordent le pont à droite et à gauche. Devant leur masse compacte, les défenseurs durent se retirer, et l'ennemi passe le canal sur des échelles jetées en travers et des ponts volants. Ils commencent à gravir les hauteurs de droite et de gauche du ravin quand le général de Failly reçoit les restes de sa brigade.

Sur son ordre, le colonel Danner du 95e rallie la garde du pont et deux bataillons du 97e se portent en avant. De son côté, le général Faucheux fait avancer les deux bataillons du 2e zouaves et les compagnies du 19e chasseurs. Au signal de la charge, les Russes sont culbutés dans le canal et rejetés au delà de la rivière; le brouillard, la fumée de nos pièces favorisent leur retraite.

Cette 12e division ainsi repoussée est ralliée par la 5e, puis soutenue par la 17e qui descend des hauteurs de Schouliou. Cette masse d'environ 30.000 hommes se forme en trois colonnes.

J'avais, aussitôt l'alerte donnée, envoyé le général Cler, commandant ma 2e brigade, avec deux bataillons du 62e et un du 73e au général Faucheux et deux bataillons du 73e au général de Failly, comme réserve.

Le colonel Forgeot, qui commandait l'artillerie des lignes, avait réparti ses batteries et elles se trouvaient toutes en position quand les Russes s'apprêtèrent de nouveau à attaquer le pont de Traktir.

Le brouillard s'était dissipé; aussi les colonnes russes se virent-elles bientôt assaillies par les boulets, les obus et la mitraille des sept batteries qui leur causèrent des pertes énormes. L'ennemi continua pourtant sa marche et aborda le pont. Déjà un mouvement de retraite se faisait sentir, mais le colonel Danner du 95e, placé dans la tête de pont, maintint sa position et sa ferme contenance empêcha les Russes de tourner le pont par la gauche. Alors, le 2e zouaves à droite, le 50e à gauche, le bataillon du 73e au centre, sous les ordres du colonel Metmann, abordent l'ennemi à la baïonnette et le refoulent pour la deuxième fois au delà de la Tchernaïa. La 12e division russe est repoussée et la 5e suit son mouvement de retraite.

Mais, la 17e division russe sur qui les 12e et 5e s'étaient repliées, précédée par une nuée de tirailleurs aborde la droite de la position du général Faucheux, afin de s'emparer du passage qui donne dans la plaine de Balaclava.

Cet officier général, qui venait à peine de repousser la 12e division, se voit donc de nouveau attaqué par une division fraîche. Je lui envoie immédiatement le 14e bataillon de chasseurs qui servait de réserve au général Camou. Je retirai également à cet officier général le reste de ma première brigade, sauf un bataillon du 47e; j'envoyai les deux autres bataillons du 47e au général de Failly et gardai le 52e en troisième ligne.

Avec trois compagnies du 19e chasseurs, le colonel Lebrun, chef d'état-major du général Faucheux, se porte sur la position menacée et emmène trois pièces de la batterie de Sailly. La colonne russe franchit la rivière, passe le canal et gravit les hauteurs. C'est alors que le général Cler débouche avec deux bataillons du 62e et un du 73e. Le général Faucheux se porte en avant. Le colonel Pérussis, du 62e, fait prendre le pas de gymnastique à son régiment qu'il déploie, le général Cler laisse le bataillon du

73e en réserve, la batterie Armand prend une position qui lui permet d'enfiler le ravin par où les Russes pouvaient arriver sur le plateau. Au moment où le 62e est déployé, les Russes arrivent sur la crête; alors le général Cler fait battre la charge et le 62e se précipite sur les têtes de colonnes russes, les culbute, les rejette au delà du canal et les poursuit même au delà de la Tchernaïa.

Ce fut le dernier épisode de cette journée. Il était 9 h. 30 du matin et la bataille était gagnée. Le général en chef venait d'arriver avec la division de la Garde et la division Dulac.

Le nombre approximatif des pertes russes était de 3.679 tués. De l'avis de l'ennemi lui-même, l'affaire de la Tchernaïa a été leur combat le plus meurtrier. Ils ont accusé 15.000 blessés. Ces pertes sérieuses s'expliquent facilement quand on songe que pendant quatre heures 50 bouches à feu n'ont cessé de tirer sur leurs masses agglomérées.

De notre côté, nous avions 8 officiers supérieurs blessés, 9 officiers subalternes tués et 53 blessés, 172 soldats tués et 46 disparus, 1.163 blessés.

600 prisonniers russes environ étaient restés en notre pouvoir. Un général de division russe et deux généraux de brigade ont été tués.

On m'apporta le soir le fanion et le sabre du général Read, sur lequel on trouva l'ordre des opérations russes qui nous éclaira sur l'intention de l'ennemi et l'importance qu'il attachait à réussir cette attaque.

Les troupes françaises avaient admirablement combattu, et des régiments d'infanterie qui reçurent là le baptême du feu se montrèrent les dignes émules de leurs prédécesseurs. Ce fut à qui rivaliserait pour montrer le plus de vaillance et d'entrain.

En résumé, environ 9.000 hommes, dans une position défensive excellente, c'est vrai, subirent le choc de 50.000 soldats et, en cinq heures de temps, l'effort d'un assaillant d'un effectif très supérieur, de ténacité enragée, fut totalement brisé. Quand le général en chef arriva au moment de la troisième attaque, je pus lui dire que la partie était entièrement gagnée.

Fut-il un peu vexé de voir que ses prévisions avaient été déçues et que, là où il n'avait pu penser qu'il y aurait d'attaque sérieuse, une réelle bataille avait eu lieu, mais tout en rendant justice au courage des troupes, il se montra plutôt froid à mon égard. Dans la journée même, le général Regnaud de Saint-Jean d'Angély me fit savoir que le général Pélissier avait l'intention de citer son nom comme ayant commandé les troupes pendant la bataille. « Je ne puis admettre cela me disait le général Regnaud de Saint-Jean d'Angély; je suis en effet plus ancien que vous et je commande le corps de réserve; si la bataille avait duré, j'aurais dû naturellement en prendre la direction, mais quand je suis arrivé avec ma division, tout était fini et bien fini. C'est à vous et à vous seul que nous devons ce beau succès. Je vous préviens tout de suite, afin que vous puissiez agir auprès du général en chef. »

Je fus très sensible à cette démarche du général Regnaud de Saint-Jean d'Angély sans être toutefois étonné, car je connaissais la loyauté de cet officier général et l'amitié qu'il avait pour moi; je ne fus pas non plus trop surpris de l'arrière-pensée du général Pélissier, avec le caractère duquel le mien ne s'accordait pas du tout. Mais je ne pouvais accepter pareille chose. Je partis donc immédiatement avec mon fils et allai trouver le général en chef avec lequel, tout en restant très déférent, j'eus une explication très orageuse. Il finit toutefois par se rendre à mes raisons et à l'évidence, et je pris congé de lui pour aller remercier le général Regnaud de Saint-Jean d'Angély de son acte de camaraderie.

Ce serait à la suite de cet entretien que le général Pélissier aurait dit, d'après le fils du général qui l'a entendu : « On dit que j'ai le plus sale caractère de l'armée française, eh bien général Herbillon, on ne vous connaît pas. »

Le général Pélissier ne devait pas oublier qu'il avait cédé et nous verrons plus tard comment il prouva sa rancune.

Néanmoins l'ordre suivant fut proclamé :

ARMÉE D'ORIENT
État-major général

—   ORDRE GÉNÉRAL

Nº 21

« Soldats !

« Dans la journée du 16 août, vous avez vaillamment combattu, et vous avez puni l'Armée russe de son aventureuse tentative contre nos positions de la Tchernaïa.

« Pour avoir été remportée le lendemain de la Saint-Napoléon, votre victoire n'en célèbre pas moins dignement la fête de votre Empereur ! Rien ne pouvait être plus agréable à son grand cœur que le nouveau laurier dont vous avez décoré vos aigles.

« Cinq divisions d'infanterie russes, soutenues par une artillerie nombreuse et des masses considérables de cavalerie, et présentant un effectif d'environ soixante-mille hommes, ont fait effort contre vos lignes. L'ennemi comptait vous en chasser et vous refouler sur le plateau de la Chersonnèse. Vous avez confondu ses présomptueuses espérances ; il a échoué sur tout son front d'attaque, et les Sardes, à votre droite, se sont montrés vos dignes émules. Le pont de Traktir a été le théâtre d'une lutte héroïque, qui couvre de gloire les braves régiments qui l'ont soutenue.

« Soldats !

« Cette affaire où les Russes ont perdu plus de six mille hommes, plusieurs généraux, et laissé entre nos mains, plus de deux mille deux cents blessés ou prisonniers, et leur matériel, préparé de longue main pour le passage de la rivière, fait le plus grand honneur au général Herbillon qui commandait les ligne de la Tchernaïa, et à sa division Les divisons Camou et Faucheux ont été à la hauteur de leur vieille réputation. Les généraux de brigade de Failly surtout, Cler et Wimpfen, les colonels Douay, Polhes,

Danner et Castagny, ont droit à la reconnaissance de l'armée. Je ne puis nommer ici toutes les émules de leur valeur, mais je dois signaler particulièrement l'habile direction que le colonel Forgeot a imprimée à nos énergiques canonniers, la brillante conduite de l'artillerie de la Garde impériale et des divisions. Une batterie de position anglaise, du sommet qui domine Tchorgouna, nous a puissamment aidés à décider le mouvement de retraite de l'ennemi sans engager nos réserves. Les Turcs, débarrassés d'une fausse attaque, nous ont apporté l'appui de six bataillons et d'une batterie. La cavalerie anglaise était prête, avec les escadrons sardes à seconder les braves chasseurs d'Afrique du général Morris si la poursuite de l'ennemi eût pu ajouter utilement au succès. Mais je n'ai pas perdu de vue notre grande entreprise, et j'ai voulu ménager votre sang, après avoir obtenu un résultat qui consacre une fois de plus votre supériorité sur cette infanterie russe si vantée, vous présage de nouvelles victoires, et augmente vos droits à la reconnaissance du pays. »

Au Grand Quartier général, devant Sébastopol,
le 17 août 1855.

Le Général en Chef,

Signé : PÉLISSIER.

Pour ampliation :

Le Général de Division,
Chef d'État-major général,

E. DE MARTIMPREY.

Cet ordre fut suivi de félicitations du général Simpson, commandant l'armée anglaise, de lettres de compliments de l'Empereur et de la reine Victoria.

Mais, où la joie se manifesta de la façon la plus vive et la plus faite pour toucher le cœur d'un chef, ce fut parmi les propres troupes du général Herbillon. Quelques passages pris dans les correspondances adressées au maréchal de Castel-

lane prouveront combien celui qui commandait les lignes de la Tchernaïa avait pu gagner l'estime et l'affection de ses subordonnés et de ses compagnons d'armes.

Le sous-intendant militaire écrit, le 16 août :

« Monsieur le Maréchal,

« Vous apprendrez avec plaisir que votre ancien lieutenant Herbillon vient de remporter une belle victoire sur la Tchernaïa, au pont de Traktir. Avec dix mille hommes, il en a battu cinquante mille, fait plus de huit cents prisonniers...

« Le rapport vous fera connaître que la division Herbillon et celle du général Faucheux ont été admirables de courage, d'élan et d'entrain...

« La journée a été belle pour le général Herbillon. Il commandait en chef et il a fait preuve de calme, de coup d'œil, de précision dans tous les mouvements qu'il a ordonnés comme chef; c'est donc pour lui la gloire; et je suis convaincu, Monsieur le Maréchal, que votre cœur bondit, car le général sort de votre école et vous lui avez appris à vaincre...

« Pour fêter dignement la fête de l'Empereur, ceci fera du bien en France où on nous croit perdus tandis que nous marchons, je l'espère, vers un grand succès...

« J'ai cependant déjeuné avec le général Herbillon, homme aussi modeste que méritant, et qui considère ce qu'il a fait comme un simple devoir envers la Patrie; cet homme m'a toujours fait l'effet d'avoir un caractère antique. »

. . . .

« La journée a été superbe, dit le capitaine Boisdenemets, tout l'honneur en revient au général Herbillon qui a été admiré par ses divisions; le général Pélissier a été averti tard et n'est arrivé qu'après la troisième attaque... »

On retrouve les mêmes impressions dans les lettres de colonel Desaint, du général Clerc, etc...

Plus tard, pour des raisons personnelles et diverses, on chercha à diminuer l'importance de cette victoire. Le général Pélissier en voulait aux événements d'avoir déjoué ses prévisions, à son lieutenant d'avoir vaincu sans lui. Il eût dû cependant lui être reconnaissant d'avoir réussi, car si les lignes de la Tchernaïa avaient été enfoncées, les Russes comptaient atteindre Balaclava, couper la base d'opérations des Anglais, et tandis que nous aurions dû renforcer l'armée d'observation par des troupes prises au corps de siège, faire une sortie vigoureuse sur notre gauche. Notre succès final eût été fort compromis.

Quoi qu'il en soit, Traktir est une victoire dont le résultat moral fut encore plus grand que le résultat tactique. « Elle effaça, dira le colonel Desaint, le douloureux souvenir de la journée du 18 juin. »

CHAPITRE XXIII

Prise de Malakoff (8 septembre 1855). — Ordre du général Pélissier. — Le général de Mac-Mahon prend le commandement du corps de réserve (17 septembre). — Lettre au maréchal Pélissier. — Insistance du maréchal de Castellane pour faire donner la Grand' croix au général Herbillon. — Hivernage de 1855-1856. — Armistice (29 février 1856). — Signature de la paix (2 avril 1856). — Commandeur de l'ordre du Bain (avril 1856). —Nommé membre du Comité consultatif d'infanterie (21 mai 1856). — Départ pour la France (10 juin). — Grand'croix de la Légion d'honneur (19 juin), de Saint-Maurice et Lazare (4 juillet), Medjidié de 2ᵉ classe (15 novembre).

On s'attendait à une nouvelle attaque, car les officiers prisonniers, questionnés sur les projets russes, étaient unanimes à déclarer que l'ennemi tenterait certainement une nouvelle opération, sachant combien notre effectif était faible par rapport au sien. Le 19 août, j'attirai l'attention du général en chef sur ces renseignements et lui demandai de faire rentrer les bataillons détachés à Baïdar, Kamiesh et autres lieux, de compléter la division Faucheux qui avait été la plus éprouvée le 16, et de remplacer le général Sencier que la gravité de sa blessure devait pendant longtemps écarter de son commandement.

Il fut fait en partie droit à ces demandes.

Je pris en même temps provisoirement, le commandement du corps de réserve, le général Regnaud de Saint-Jean d'Angély étant tombé sérieusement malade.

Les travaux du siège furent continués très activement, mais les difficultés devinrent de plus en plus grandes; il

fallut souvent placer vingt gabions pour en conserver trois
ou quatre. L'artillerie de la ville tirait toujours avec force
et était bien approvisionnée; néanmoins, malgré certains
qui prévoyaient que nous aurions un nouvel hiver à passer
ici, en général, on espérait que la fin était proche.

Le 7 septembre me parvenait l'ordre suivant :

« Devant Sébastopol, le 7 septembre 1855.

« *Confidentielle.*

« Général,

« Je vous informe à titre confidentiel que l'attaque contre
la ville aura lieu demain 8 courant à midi.

« En conséquence, vous retiendrez sous un prétexte quel-
conque tout votre monde sous la main dans la matinée.

« À midi, vous ferez prendre les armes à l'infanterie, la
cavalerie montera à cheval et l'artillerie attellera ses pièces
de manière que vous soyez prêt à parer aux événements
imprévus qui viendraient à se produire.

« Vous enverrez des ordres analogues au général d'Allonville afin qu'il prenne, à la même heure, les mêmes
dispositions sur la ligne qu'il occupe. »

Le Général en Chef,
Par son ordre, le Général de Division,
Chef d'État-major,

De Martimprey.

« *P. S.* — Vous ne préviendrez les généraux en chef piémontais et turcs de ces dispositions qu'au moment même
où vous les prendrez, c'est-à-dire à midi. »

La ville de Sébastopol tomba en notre pouvoir le 8 septembre au soir. L'assaut avait été donné à midi sur la tour
de Malakoff, le grand Redan, le petit Redan, les bastions
Central et du Mat. De ces cinq points, un seul fut enlevé,
c'est la tour de Malakoff, dont la division du général de
Mac-Mahon entraînée par lui s'empara brillamment. Les

Russes firent sauter le Grand Redan, mirent le feu à plusieurs quartiers de la ville, commencèrent leur retraite et l'évacuation de la ville.

Les troupes ont été merveilleuses de courage et d'entrain, mais cette belle victoire nous coûta cher. Les généraux de Saint-Pol, Marolles, Rivet, Breton et de Pontève furent tués; les généraux Trochu, Mellinet, de Failly, Bosquet et d'autres blessés; les colonels Dupuis et Javel tués et de nombreux officiers tués et blessés, les pertes dans la troupe furent aussi très sérieuses.

Pendant cette attaque, mes régiments étaient sous les armes, mais il n'y a eu aucune démonstration de l'ennemi de notre côté. Dès que Sébastopol fut pris, les Russes semblèrent battre en retraite sur Batkchi-Seraï et Simféropol.

La prise de Sébastopol est un fait de la plus haute importance; mais la guerre n'est sans doute pas finie, car les Russes sont encore en force et ils vont fortifier de nouvelles positions. Nos forces ne sont pas suffisantes pour les poursuivre et les en empêcher.

Le 17 septembre, je reçus la lettre suivante qui me froissa péniblement :

« Devant Sébastopol, 17 septembre 1855

« Général,

« Par dépêche télégraphique arrivée ce matin, le ministre m'annonce que M. le général de Mac-Mahon, commandant la 1re division du 2e corps, est appelé au commandement du corps de réserve.

« En cette qualité, il commandera la ligne de la Tchernaïa.

Le Maréchal, Commandant en Chef (1),

Par son ordre :

Le Général de Division, Chef d'État-major général,

DE MARTIMPREY.

____

(1) Après la prise de Malakoff, le général Pélissier avait été élevé à la dignité de maréchal.

Or je commandais les lignes de la Tchernaïa depuis trois mois, par suite du départ du général Regnaud de Saint-Jean d'Angély j'avais le commandement provisoire du corps de réserve. Après l'affaire du 16 août, il me semble que j'avais quelques droits à ce commandement. Il paraît que j'étais dans l'erreur. Je repris donc le commandement de ma division.

Mais, d'autre part, je pouvais espérer recevoir le grand cordon de la Légion d'honneur, comme me l'avait fait pressentir le maréchal de Castellane. Or, MM. les généraux Bosquet et Mac-Mahon l'avaient reçu; je n'avais pas à en être jaloux, mais je fus profondément peiné de cet oubli, et je ne pus m'empêcher d'écrire au maréchal Pélissier dans les termes suivants :

« Camp de Balaclava, le 25 septembre 1855.

« Monsieur le Maréchal,

« Après avoir longtemps hésité à vous écrire, je me suis enfin décidé à le faire, non pour vous parler d'injustice, j'en suis incapable, mais quand on a le cœur froissé à qui doit-on s'adresser si ce n'est au chef qui occupe une si haute situation que la vôtre, dont dépend l'avenir de tant de braves officiers, et le sort de ceux qui, après une longue carrière, comptent sur votre appui pour la récompense de leurs bons et loyaux services.

« Ce n'est pas l'ambition qui m'a fait venir en Orient. Heureux à Lyon, je ne demandais rien. Ma division est partie, j'ai marché à sa tête. Arrivé en Crimée, je fus appelé au commandement des lignes de la Tchernaïa et cela par mon ancienneté de grade. Pendant trois mois que je gardai le commandement, je crois, Monsieur le Maréchal, l'avoir rempli consciencieusement et avec honneur. Attaqué le 16 août par des forces considérables, je m'empressai de vous en prévenir. Quoique ayant peu de troupes à ma disposition, des instructions écrites que j'avais données depuis longtemps à MM. les généraux qui étaient sous mes ordres et des dispositions prises d'avance nous permirent, non seulement de résister, mais encore de repousser l'ennemi. Je n'en tirai d'autre vanité que celle d'avoir fait mon devoir.

« Remplacé par M. le général de Mac-Mahon dans le commandement du corps de réserve que j'exerçais provisoirement et par suite dans celui de la Tchernaïa, je l'avoue franchement et vous le comprendrez, mon amour-propre fut blessé; car, quand on n'est pas un sot et que dans sa longue carrière on a eu des commandements importants, de pareils faits font un mal horrible. Chez moi, ce fut l'affaire d'un instant. Le Chef qui doit assumer sur sa tête toute la responsabilité des actes de ses lieutenants, a le droit de prendre celui dans lequel il croit devoir mettre sa confiance. Malheureusement pour moi, ce n'est pas la première fois que cela m'arrive, et, chose à signaler, c'est que ce fut toujours après des affaires de guerre où j'obtins un succès complet.

« Quant à la décoration, il m'est impossible de le prendre avec autant de philosophie, les motifs n'étant pas les mêmes. Quarante-trois ans de service, 24 campagnes faites en Europe, aux Antilles, en Afrique, en Orient, quelques beaux faits d'armes; six ans de grade de grand officier dans la Légion d'honneur, une conduite irréprochable, celle que j'ai tenue le 16 août et que vous avez signalée dans vos rapports me paraissent des droits acquis. Et, vous le dirai-je, Monsieur le Maréchal, j'étais intimement persuadé que vous prendriez fait et cause pour un officier général qui, comme vous, est resté longtemps en Afrique où il a commandé une province, a laissé des souvenirs honorables, vous l'avez écrit vous-même. Je ne doutais nullement de votre appui et j'avais le droit de compter sur cette récompense qui m'aurait dédommagé de bien des peines et de la manière injuste dont j'avais été traité après Zaatcha.

« Je me suis trompé, Monsieur le Maréchal, il est probable que vous aviez des raisons qui vous ont empêché de me recommander à la bienveillance de Sa Majesté. Ce n'est pas à moi de les approfondir, et cependant je ne vois rien

dans mes actes qui ait pu me retirer votre appui pour me
faire obtenir une récompense que je crois avoir méritée.

« J'ai l'honneur de vous écrire un peu longuement, ce
qui n'est pas dans mes habitudes ; mais je devais à ma conscience de vous dire avec calme et avec respect ce que j'ai
sur le cœur ! Je le fais sans arrière-pensée et malgré, Monsieur le Maréchal, que j'aie été cruellement oublié, je n'en
conserverai pas moins souvenir et reconnaissance pour
l'avancement que vous avez donné à mon fils lorsqu'il était
sous vos ordres à Oran et pour son grade de capitaine.

« J'ai l'honneur d'être, etc... »

Le Général de Division,

E. HERBILLON.

Décidément, comme je l'écrivais au maréchal de Castellane, les bons et loyaux services, de nombreuses, campagnes, une belle conduite sur le champ de bataille ne sont
pas toujours des titres pour être récompensé, il en faut
d'autres que je ne puis posséder.

*L'étonnement du général avait été partagé par ceux qui
l'entouraient, et le capitaine de Sachy s'exprimait ainsi :*

« Une seule chose m'attriste, c'est de voir l'oubli inqualifiable dans lequel on laisse mon brave et digne Général.
N'est-ce dons pas à lui que l'on doit la défaite des Russes
à Traktir ?... »

*La rancune du maréchal Pélissier n'était pas éteinte et il
fallut une vigoureuse intervention de la part du maréchal de
Castellane pour faire réparer cette injustice.*

On lit, en effet, dans le Journal *de celui-ci* (tome V) (1) :

« L'Empereur m'a fait entrer dans son cabinet... je lui
dit :

« Le général Herbillon vient d'avoir un beau combat

____

(1) *Journal du Maréchal de Castellane,* 5ᵉ volume, p. 105, 107, 131.

sur la Tchernaïa, il a bien gagné la grand'croix de la Légion d'honneur. J'ai trouvé qu'on avait eu tort de ne pas parler de lui dans la dépêche télégraphique, et que dans le rapport, on ne disait pas assez positivement que c'était lui qui commandait; cependant en élevant ceux qui se sont rapprochés de soi, on se grandit soi-même.

« L'Empereur. — C'est vrai. »

Le 7 mars 1856, il revient sur ce sujet dans une conversation avec l'Empereur :

« A propos de mes généraux de division, je lui ai parlé du général Herbillon qui n'a pas été récompensé du combat de Traktir, il m'a répondu : « Mais ce sont des soldats qui « l'ont gagné seuls. » « Sire, les soldats ne gagnent pas seuls un combat; le général Herbillon avait pris ses dispositions. Si le maréchal Pélissier avait été maréchal alors, le général Herbillon serait très probablement grand'croix. Le général La Marmora a parlé au Consul en passant à Lyon de son étonnement que le général Herbillon ait été oublié. C'est une injustice, c'est un très brave homme, cela peut se réparer. »

Grâce à cette insistance, le maréchal Pélissier, sur l'invitation de l'Empereur lui-même, dut cesser de faire la sourde oreille et établit une proposition. Le général Herbillon fut nommé grand'croix de la Légion d'honneur le 18 juin 1856.

Le 29 févier 1856, l'armistice a été signé. Les Russes descendent en masse des plateaux de Mackensie; ils viennent sur la rive gauche de la Tchernaïa, conversant avec nos hommes, et les uns et les autres se font des petits cadeaux.

Le jour de Pâques, nous avons appris la naissance d'un Prince impérial. Français, Anglais, Piémontais et Russes ont fait des feux de joie. La santé des hommes n'est pas bonne , les régiments se dépeuplent, car les évacuations sur Constantinople sont incessantes, et les décès nombreux.

Le scorbut et la fièvre typhoïde font beaucoup de victimes. Les officiers de santé, les aumôniers et les sœurs de charité ont payé largement leur tribut au fléau.

La paix fut signée le 2 avril 1856 et le 10 juin, le général repartit pour la France.

Une lettre du ministre, datée du 24 mai 1856, lui avait annoncé que, par décision du 21, il était nommé membre du Comité consultatif de l'Infanterie, dont le général Schramm était le président, et dès son arrivée à Paris une lettre de service lui faisait connaître qu'il était nommé inspecteur général d'infanterie (juillet 1856).

Le général Herbillon avait été nommé commandeur de l'ordre du Bain le 26 avril 1856. Il fut nommé grand-croix de l'ordre de Saint-Maurice et Saint Lazare, le 4 juillet, et reçut l'ordre de Medjidié de Turquie (2ᵉ classe) le 15 novembre 1856. Le 19 juin, il eut enfin la satisfaction de recevoir le grand cordon de la Légion d'honneur.

ÉPILOGUE

A partir du retour de Crimée, les notes du général restent presque muettes sur les événements qui se sont succédé. Il fit partie de plusieurs commissions, en particulier de celle chargée de la revision du service des places.

Le 8 mars 1859, le maréchal Vaillant lui faisait connaître que, par décret du 5 mars, l'Empereur l'avait maintenu définitivement dans la 1ʳᵉ section du cadre de l'État-major général.

Il y ajoutait ces mots :

« Je me félicite d'avoir à vous donner avis d'une décision qui conserve à l'État le concours de votre longue expérience et assure la continuation des services distingués que vous avez rendus pendant le cours de votre carrière militaire. »

Mais la campagne d'Italie est décidée. Certaines difficultés s'étant produites avec le Prince Napoléon, chargé du commandement militaire de Gênes, l'Empereur fait demander au général Herbillon s'il accepterait ces fonctions. Ayant reçu une réponse affirmative, le maréchal Vaillant la transmit au Souverain ; et il envoyait le soir même ce billet au général :

« Paris, le 30 avril 1859.

« Mon cher Général,

« L'Empereur a paru satisfait de votre acceptation ; je viens de la lui faire connaître. Il désire beaucoup que vous puissiez partir dès demain. Je lui ai laissé l'espérance de votre prochain départ.

Votre vieux camarade,

Le Maréchal Ministre,

VAILLANT.

Le général partait immédiatement, et le 6 mai, il arrivait à Gênes.

Il eut à fournir un travail intensif qui lui valut à diverses reprises des félicitations du maréchal Randon et dès son retour en France, reprend des occupations dans diverses commissions.

Le 24 octobre 1863, il avait été élevé par l'Empereur à la dignité de sénateur et le 23 décembre il était nommé président du Comité d'Infanterie.

Le 17 décembre 1864, il recevait l'avis suivant qui clôturait sa vie militaire :

« Paris, le 17 décembre 1864.

« Général,

« L'Empereur a cru devoir déterminer une limite d'âge absolue au delà de laquelle, en temps de paix, les officiers généraux employés par le département de la Guerre, soit en vertu de l'article 1 de la loi du 4 août 1839 ou de l'article V du décret du 1er décembre 1852, soit à tout autre titre, seront de plein droit remplacés dans leurs fonctions; et, par une décision en date du 15 mai 1853, Sa Majesté a fixé cette limite à soixante et dix ans.

« J'ai l'honneur de vous annoncer que, par application de cette disposition, une décision impériale du 10 décembre courant vous met en disponibilité à partir du 1er janvier 1865.

« Je ne veux pas, Général, que vous quittiez le Comité d'Infanterie sans emporter l'expression sincère de mes regrets. Vos longs services qui datent d'une époque glorieuse et qui ont été couronnés par les campagnes d'Orient et d'Italie, n'avaient en rien affaibli votre zèle ni votre activité; mais l'heure du repos est arrivée et elle doit être envisagée sans peine quand on a comme vous, la conscience d'avoir dignement payé sa dette à la France et à l'Empereur.

« Recevez, Général, l'assurance de ma considération la plus distinguée.

Le Maréchal de France, Ministre,
Secrétaire d'État à la Guerre,

RANDON.

Au Sénat, il s'associa activement aux travaux de ses collègues et on signale particulièrement son rapport du 18 février 1864, où il présentait les conclusions d'une Commission chargée d'examiner la pétition par laquelle les officiers en retraite demandaient que le bénéfice de la loi du 25 juin 1861 sur les pensions militaires fût étendu aux officiers dont la pension était déjà liquidée avant cette époque.

Il mourut à Paris, le 24 avril 1866 (1) et fut inhumé à Châlons-sur-Marne sa ville natale, qui lui fut toujours fidèle de souvenir. En 1857, elle l'avait nommé membre honoraire de la Société d'Agriculture, Sciences et Arts de la Marne. Elle tint à lui élever son tombeau qu'elle entretient toujours pieusement.

Voici comment M. Tisseron, directeur de l'Histoire du Sénat, termina son article nécrologique en s'inclinant sur la tombe de ce soldat :

« Il n'est pas d'exemple plus saisissant de ce que peuven l'amour du devoir et le dévouement à la Patrie. Le généra Herbillon, en servant noblement son pays pendant cinquante-deux ans, a conquis un à un et par son seul mérite, tous les grades, jusqu'aux plus élevés de la hiérarchie militaire. Il compte vingt-six campagnes les plus rudes et les mieux remplies. Cette grande figure militaire peut être comparée aux héros du premier Empire, et le vainqueur de Zaatcha doit être cité à ceux qui se sentent au cœur l'amour de la gloire et le mépris des dangers. Il laisse à son fils

____

(1) Il avait épousé en secondes noces à son retour de Crimée, Mme veuve Chavant, qui mourut en 1886.

aujourd'hui chef de bataillon dans la Garde impériale, un nom qui, pour un noble cœur, est le plus magnifique héritage (1). »

Paris, 4 janvier 1826.

J. HERBILLON.

(1) Ces pages seraient incomplètes si je ne les terminais par un rapide exposé des états de services du fils du général.

Né à La Rochelle, le 7 janvier 1825, il entrait à l'École Centrale en 1845; il quittait cette École pour s'engager le 4 juin 1847, était reçu à Saint-Cyr où il entrait le 5 décembre 1848 et d'où il sortait avec le n° 16. Sous-lieutenant le 30 décembre 1852, faisait colonne avec le général de Mac-Mahon et était décoré chevalier de la Légion d'honneur le 20 janvier 1855. Il rejoignait son père en Crimée, comme officier d'ordonnance au titre du 47ᵉ régiment d'infanterie, était nommé capitaine le 30 août 1855, puis chef de bataillon le 13 août 1863, au 38ᵉ. Il passait au 3ᵉ régiment de grenadiers de la Garde, le 21 décembre 1865, était nommé officier de la Légion d'honneur le 20 décembre 1867. Pendant la campagne de 1870, il était blessé à Rezonville, puis nommé lieutenant-colonel au 2ᵉ de ligne le 11 septembre. Il avait la consolation, après les dernières affaires sous Metz, de brûler le drapeau de son régiment, refusant de croire à la décision du maréchal Bazaine que nos étendards seraient brûlés à l'Arsenal. Il quittait le 2ᵉ de ligne pour passer au 136ᵉ, où il était nommé colonel le 1ᵉʳ mai 1874.

Au moment où il quittait le 2ᵉ de ligne, le colonel Lebelin de Dionne mettait à l'ordre du régiment :

« Le colonel tient spécialement à exprimer à M. le lieutenant-colonel Herbillon les sentiments d'estime et d'affection qu'il laissera parmi nous. Nous n'oublirons pas que c'est lui, qui à Tulle, au milieu de circonstances douloureuses et difficiles, a réorganisé le régiment. Nous n'oublirons pas que, pendant ces deux années, il a dirigé avec un rare mérite l'instruction du régiment.

« Nous n'oublirons pas surtout ses qualités de cœur, l'élévation de ses sentiments et la droiture de son esprit. »

Atteint par une grave maladie, il devait prendre sa retraite en 1877, alors que les étoiles lui avaient été promises. Il mourut à Paris, en 1893.

TABLE

	Pages
AVANT-PROPOS	VII

CHAPITRE I

Enfance et jeunesse. — Fusilier. — Chasseur en septembre 1813. Campagne de 1814. — Sous-lieutenant au 108ᵉ de ligne, le 5 février 1814. — Souvenirs de l'entrée des Alliés à Paris ... **1**

CHAPITRE II

Le 108ᵉ devient 89ᵉ. — Retour de l'Ile d'Elbe. — Marche du 89ᵉ au-devant de l'Empereur. — Campagne de 1815. — Retraite de la Loire. — Licenciement de l'armée en septembre 1815. — Herbillon mis en demi-solde se retire à Châlons. — Sa réintégration à la Légion de la Marne ... **9**

CHAPITRE III

Nomination au grade de lieutenant en 1819. — Son mariage en 1823. — Campagne d'Espagne. — Naissance de son fils et mort de sa femme en 1825. — Nomination au grade de capitaine. — Départ pour les Antilles. — Traversée. — Arrivée. — La Guadeloupe ... **16**

CHAPITRE IV

Séjour à la Guadeloupe (1826-1829). — Fièvre jaune. — Retour en France et passage au 1ᵉʳ de ligne. — Chevalier de la Légion d'honneur (1831). — Départ pour l'Algérie (février 1837). . **23**

CHAPITRE V

Arrivée en Algérie. — Premières impressions. — Promotion au grade de chef de bataillon (7 mars 1838). — Camp de M'Ojez-Amar. — Nommé commandant du Cercle de Guelma (novembre 1839). ... **31**

CHAPITRE VI

Pages

Guelma. — Rivalité dans la tribu des Hanenchas entre Resky et
Asnaoui. — Une colonne du 26ᵉ de ligne appuie les prétentions
de Resky, mais échoue. — Levée des impôts. — Tentative de
négociations avec Asnaoui. — Soumission de la tribu des N'-
Bails du Fedj-Falcoun. — Exécution capitale.   39

CHAPITRE VII

Difficultés avec les indigènes. — Incursions des Haractas. — Colonie organisée contre cette tribu (16 mars 1840). — Combat
sur les bords de l'oued Meskiana (20 mars 1840). — Soumission
des Haractas. — Herbillon est promu lieutenant-colonel (24 novembre 1840) au 18ᵉ régiment d'infanterie légère. — Il passe
au 62ᵉ le 2 janvier 1841 et reste à Guelma. — Expédition chez
les Beni-Salah (décembre 1840)   50

CHAPITRE VIII

Le général Bugeaud est nommé gouverneur de l'Algérie (1841).
— Le poste de Guelma après hésitation est conservé. — Herbillon est nommé officier de la Légion d'honneur. — Expédition contre la tribu des Sidi-Aïfi. — Améliorations apportées
au Cercle de Guelma. — Inspection du général Randon. —
Herbillon passe au 41ᵉ, puis au 61ᵉ de ligne. — Expédition
contre les Ouled d'Hann (mai 1842). — Il quitte Guelma pour
gagner Philippeville le 15 janvier 1843   59

CHAPITRE IX

Expédition contre les Zerdezas, et dans l'Edough (février 1843).
— Expédition dans les montagnes de Collo (avril 1843). — Expédition contre les Hanenchas (mai et juillet 1843). — Le duc
d'Aumale prend le commandement de la province de Constantine (décembre 1843). — Herbillon est envoyé à Batna. . . .   69

CHAPITRE X

Expédition dans le Djebel Aurès (1845). — Attaques d'Aydoussa
(20 mai 1845). — Herbillon est nommé commandeur de la Légion d'honneur (20 août 1845). — Combats entre les Ouled-
Sellam Guelala (décembre 1845). — Le colonel Herbillon passe
au 38ᵉ de ligne. — Il est nommé maréchal de camp (novembre
1846).   83

CHAPITRE XI

Pages

Expédition contre Bou-Maza (janvier-février 1847). — Dévouement de Chateaubriand. — Expédition des Nemenchas. — Commandement par intérim de la division de Constantine. — Pierre tombale du colonel Combes.   92

CHAPITRE XII

Arrivée à Constantine (décembre 1847). — Révolution de février 1848. — Départ du duc d'Aumale. — Expédition du colonel Canrobert contre Hamed-Bey (mai-juin 1848)   101

CHAPITRE XIII

Difficultés avec le préfet Carette (1848-1849). — Expédition dans le Zouacha (mai-juin 1849). — Expédition de l'Oued-Kebli (juin 1849). — Défaite du colonel Carbuccia devant Zaatcha .   116

CHAPITRE XIV

Description du pays des Zibans. — Effervescence dans la région. — Bouzian. — Le sous-lieutenant Seroka veut l'arrêter (mai 1849). — Mesures prises. — Révolte des Ouled-Sahnoun. — Expédition du colonel Carbuccia (juillet 1849). — Affaire de Fetkouak et de Zaatcha. — Ben-Djoudi. — Abd-el-Afid. — Affaire de l'Oued Seriana. — Mort du commandant de Saint-Germain. — L'expédition de Zaatcha est décidée   126

CHAPITRE XV

Départ de la colonne. — Arrivée devant Zaatcha le 7 octobre 1849. — Prise de la Zaouia. — Description du village. — Assaut infructueux du 20 octobre . — Séjour au camp et départ du prince Pierre Bonaparte (octobre 1849)   135

CHAPITRE XVI

Siège de Zaatcha (suite). — Affaire de Tolga (30 octobre). — Arrivée du colonel Canrobert (8 novembre). — Le choléra apparaît. — Arrivée du lieutenant-colonel de Lourmel (15 novembre). — Affaire d'Ourbal (16 novembre). — Assaut du 26 novembre et prise de Zaatcha. — Exécution de Bouzian. — Soumission des tribus. — Retour à Constantine   148

230 TABLE

CHAPITRE XVII

Les intrigues du général D... — Mise en disponibilité (février
1850). — Départ de Constantine. — Nomination au commandement de la subdivision du Var. — Réflexions. — Lettre du
prince Louis-Napoléon. — Visite au Président de la République. — Séjour à Toulon. — Réflexions politiques   157

CHAPITRE XVIII

Grand officier de la Légion d'honneur (avril 1850). — Comman-
dant de la 1re brigade de la 3e division active de l'armée de
Paris (1851). — Départ du général Baraguey d'Hilliers. — Jour-
nées de décembre (1851). — Général de division (22 décembre
1851). — Départ pour Bourges (1852). — Remplacé par le
général duc de Mortemart, il est nommé au commandement
d'une division à Lyon (février 1852)   164

CHAPITRE XIX

Arrivée à Lyon. — Portrait du maréchal de Castellane. — Visite
du Prince Président à Lyon (19 septembre 1852). — Proclamation de l'Empire (novembre 1852). — Commandeur de Saint-
Maurice et de Saint-Lazare. — Entrée de l'Empereur à Paris
(2 décembre 1852). — Mort du général Bouscarens (30 décembre). — Lettre au général Canrobert, promu général de division
(janvier 1853). — Le fils du général Herbillon est nommé lieutenant.   174

CHAPITRE XX

Mariage de l'Empereur (février 1853). — Visite du maréchal de
Saint-Arnaud à Lyon (août 1853). — Fête de l'Empereur
(15 août). — Nommé Grand-croix de l'ordre de Saint-Grégoire
le Grand. — Départ du 3e bataillon de chasseurs pour l'armée
d'Orient (9 mars 1854). — Affectation à la 1re division du camp
du Midi, puis contre-ordre (juin-août 1854). — Mort du général de Lourmel (novembre 1854). — Le lieutenant Herbillon
est décoré après l'expédition de Tougourt.   184

CHAPITRE XXI

Départ de la division pour l'armée d'Orient (février-mars 1855).
— Arrivée à Constantinople. — Camp de Maslak. — Départ
pour la Crimée. — Camp de Kamiesh (16 juin). — Incident

Pages

produit par une erreur de l'État-major. — Échec du 16 juin.
— Commandement des lignes de la Tchernaïa (21 juin). —
Lettres adressées au camp de Traktir.   193

CHAPITRE XXII

Correspondance avec le général Pélissier et le général d'Allonville. — Bataille de Traktir (16 avril 1855). — Incident avec le
général Pélissier. — Impressions des combattants.   202

CHAPITRE XXIII

Prise de Malakoff (8 septembre 1855). — Ordre du général Pélissier. — Le général de Mac-Mahon prend le commandement du
corps de réserve (17 septembre). — Lettre au maréchal Pélissier. — Insistance du maréchal de Castellane pour faire donner
la Grand'croix au général Herbillon. — Hivernage de 1855-
1856. — Armistice (29 février 1856). — Signature de la paix
(2 avril 1856). — Commandeur de l'ordre du Bain (avril 1856).
— Nommé membre du Comité consultatif d'infanterie (21 mai
1856). — Départ pour la France (10 juin). — Grand'croix de
la Légion d'honneur (19 juin), de Saint-Maurice et Lazare
(4 juillet), Medjdjié de 2e classe (15 novembre)   215

ÉPILOGUE.   223

IMPRIMERIE BERGER-LEVRAULT, NANCY-PARIS-STRASBOURG — 1928